Liebe Leserinnen, liebe Leser!

Schon fast in der ganzen Welt war der in Berlin lebende Fotograf ***Martin Sasse*** *unterwegs. So zutrauliche Wildtiere wie in Costa Rica hat er nur selten erlebt.*

Für diesen Bildatlas hat der Journalist und Reisebuchautor ***Jochen Müssig*** *Costa Rica erneut intensiv bereist und wieder einmal festgestellt – es ist eines seiner Lieblingsziele.*

Schon beim ersten Durchblättern dieses DuMont Bildatlas merken Sie es, wir haben auf dem Cover nicht zu viel versprochen, Costa Rica ist wirklich ein grünes Paradies oder eben Juwel. Ergänzen könnte man: ein tropisches grünes Paradies mit einer unglaublichen Pflanzen- und Tiervielfalt. Viele Tierarten sind außergewöhnlich farbenprächtig, so wie der Rotaugenlaubfrosch, der das Cover dieses Bandes ziert und fast ein Synonym für Costa Rica ist, oder die gelbe Viper, die Ihnen auf S. 105 entgegenblickt.

Tierische Begegnungen

Wo man den Tieren am ehesten begegnet? Keine Frage: vor allem in den Nationalparks des Landes. Costa Rica hat zwar nur ungefähr die Größe von Niedersachsen, kann aber immerhin mit 29 Nationalparks aufwarten. Dazu kommen noch einige Landschaftsschutzgebiete und private Reservate, so dass insgesamt rund ein Viertel der Landfläche unter Naturschutz steht. Alle besuchen, das wird man zeitlich nicht schaffen, wo Sie aber unbedingt hin sollten, das erfahren Sie auf S. 7. Ganz begeistert war Martin Sasse, der Fotograf dieses Bandes, vom Nationalpark Tortuguero. Hier hatte er tierische Begegnungen in Hülle und Fülle. Nur für wenige Minuten stellte er seinen Rucksack auf den Boden, wendete sich um und merkte kurz darauf, dass zwei Klammeraffen den gesamten Rucksackinhalt genüsslich auf dem Boden verteilten, um an die ganz unten aufbewahrten Äpfel zu gelangen.

Pazifik oder lieber Karibik?

Neben der Artenvielfalt sind Costa Ricas herrliche Strände ein guter Grund für die Reise in das mittelamerikanische Land. In der Rubrik „Unsere Favoriten" stellen wir Ihnen die schönsten Strände an der insgesamt immerhin mehr als 1000 km langen Pazifik- und Karibikküste vor (S. 22 f.), und wir verraten Ihnen auch, wo Sie herrliche sportliche Abenteuer erleben können, sei es beim Surfen, bei Kajaktouren, Rafting oder Tauchen (72 f.).

Herzlich

Ihre

Birgit Borowski

Birgit Borowski
Programmleiterin DuMont Bildatlas

98 Natur pur erwartet den Reisenden an der Karibikküste – jede Menge Begegungen mit Tieren inklusive.

66 Herrliche Blicke aufs Meer bietet die Lagarta Lodge in Nosara.

41 Tanzen ist in Costa Rica mehr als Spaß und Sport. Viel mehr!

62 Urlaubsfeeling auf der Halbinsel Nicoya, an der Playa Carillo.

Zentrale Pazifikküste

Karibikküste

Anhang

DuMont Aktiv

Genießen Erleben Erfahren

Arenal und das Hochland im Norden 42 – 61
Karibikküste 98 – 113
San José und das Valle Central 24 – 41
Halbinsel Nicoya 62 – 77
Zentrale Pazifikküste 78 – 97
COSTA RICA
N I C A R A G U A
P A C I F I C
O C E A N
Managua
Matagalpa
Granada
Masaya
Bluefields
Lago de Nicaragua
Isla de Ometepe
Río San Juán
Liberia
Puntarenas
SAN JOSÉ
PUERTO LIMÓN
Cartago
Heredia
Alajuela
Guanacaste
Limón
Cordillera de Talamanca
David
Golfo de Chiriquí
Bocas del Toro
-6h Greenwich Time
-5h Greenwich Time
Maßstab 1:2.500.000
0
40 km

Topziele

Die bedeutendsten Sehenswürdigkeiten Costa Ricas sowie Erlebnisse, die Sie keinesfalls versäumen dürfen, haben wir auf dieser Seite für Sie zusammengestellt. Auf den Infoseiten ist das jeweilige Highlight als **TOPZIEL** *gekennzeichnet.*

NATUR

1 **Nationalpark Tortuguero:** Der spannendste Nationalpark, in dem man die meisten Tiere vor die Linse bekommt. **Seite 113**

2 **Nationalpark Cahuita:** Auch wegen der Playa Blanca – für ein erfrischendes Bad einer der schönsten Nationalparks im Land. **Seite 112**

3 **Nationalpark Corcovado:** Der urigste mit den wenigsten Touristen und laut National Geographic Society der mit der vielfältigsten Fauna und Flora. **Seite 96**

4 **Nationalpark Manuel Antonio:** Der Winzling unter den Parks, aber mit den zutraulichsten Tieren und drei schönen Badestränden. **Seite 95**

5 **Nationalpark Palo Verde:** Feuchtgebiete, Trockenwald, Mangroven, die größte Krokodilpopulation in Costa Rica und der Jabiru. **Seite 75**

6 **Nationalpark Arenal:** Der schönste Vulkan mit idealtypischem Kegel, majestätischem See und der Naturwunderwelt Primärregenwald. **Seite 59**

7 **Vulkan Rincón de la Vieja:** Nur 1805 Meter hoch, aber schwer aktiv mit Fumarolen, Wasser- und Schlammlöchern, in denen es heftig blubbert. **Seite 60**

8 **Vulkan Irazú:** Höchster Vulkan des Landes. Der Hauptkrater hat einen Durchmesser von gut 1000 Metern und ist etwa 300 Meter tief. **Seite 41**

KULTUR

9 **Goldmuseum San José:** Erst geht es tief in den Untergrund und dann fängt alles zu glänzen an, Schätze, Schmuckstücke, Figuren, Münzen ... **Seite 39**

ERLEBEN

10 **Ostional:** Hier kann man während des ganzen Jahres Schildkröten bei der nächtlichen Eiablage beobachten. Ein einmaliges Erlebnis. **Seite 76**

11 **Rio Celeste:** Ein Bad im sattgrünen Dschungel, in einem unwirklich leuchtenden Fluss, der in Hellblau-Türkis strahlt und einen Wasserfall als Kulisse hat. **Seite 60**

Große Vielfalt

So schön die Playa Carillo auf der Halbinsel Nicoya auch ist – sie gehört noch nicht mal zu den Traumstränden Costa Ricas – auch nicht zu den besonderen Strandfavoriten, die wir Ihnen an anderer Stelle noch gebührend vorstellen werden. Aber das belegt nur die große Vielfalt in diesem kleinen Land: Von Palmen gesäumte Postkartenstrände sind da nur eine von vielen Attraktionen, die Costa Rica zu bieten hat.

Natur pur

Costa Rica ist ein Naturparadies. Damit das so bleibt, steht fast ein Drittel der Landfläche unter Schutz wie hier im Nationalpark Corcovado. Dort findet man eine der artenreichsten Zonen der Welt, in der bis heute immer wieder einmal unbekannte Pflanzen und Tiere entdeckt werden. Bald vertraut ist den Besuchern dieses grünen Juwels der Anblick von Feigenbäumen wie diesem. Und das schöne an dessen Stützwurzeln ist, dass man (und frau) sich darauf auch gut mal ein bisschen ausruhen kann.

Paradies für Vogelfreunde

Über 900 Vogelarten leben in Costa Rica, davon 200 Zugvogelarten – mehr als in ganz Europa. Gut beobachtet werden können besonders schöne Exemplare wie dieser Montezumastirnvogel *(Gymnostinops montezuma)* an den Fruchtfutterstellen von Observatory Lodges wie hier im Nationalpark Arenal. Zudem gibt es eine eigens eingerichtete Vogelbeobachtungsroute, die Ruta de las Aves, mit zwölf ausgewählten Beobachtungspunkten in Nationalparks und Naturreservaten – zugleich auch ein Ziel für wunderschöne Wanderungen.

Feuerberge im Regenwald

Costa Rica liegt auf dem Pazifischen Feuerring, einem den Pazifik umgebenden Vulkangürtel, und wird von zwei Ozeanen begrenzt. Auf der Pazifikseite im Westen drückt die ozeanische Cocos-Platte gegen die kontinentale Karibische Platte des Festlandes und taucht darunter ab. Dabei dringt die ozeanische Kruste bis in den Erdmantel ein, wird teilweise aufgeschmolzen, und ein Teil dieser Schmelze tritt an den Vulkanen auf. So kam es etwa im April 2017 hier am 2708 Meter hohen Vulkan Poás im gleichnamigen Nationalpark zu mehreren heftigen Eruptionen.

por
Costa Rica
Boyeros

Bunt und fröhlich

Am zweiten Sonntag im März findet in San Antonio de Escazú, einem westlich der costa-ricanischen Hauptstadt gelegenen Vorort von San José, die Dia del Boyero statt, eine Parade farbenfroh bemalter Ochsenkarren. Anders als ihr Name („Tag des Ochsenwagenfahrers") vermuten lässt, geht es dabei nicht nur um die Fahrer dieser Gefährte, sondern auch um die Tiere. Denn die erhalten an diesem Tag den Segen des örtlichen Priesters. Und um die Wagen selbst geht es natürlich auch. Denn das Bemalen derselben ist auf Costa Rica eine ganz besondere, von der UNESCO sogar in die Liste des immateriellen Kulturerbes aufgenommene Handwerkstradition.

Das grüne Leuchten

„Reiche Küste“ bedeutet Costa Rica aus dem Spanischen übersetzt – der Name bezieht sich nicht im Wortsinn auf die im Westen und Osten von zwei Weltmeeren umspülten Küsten, sondern im übertragenen Sinn auf das Gold der Azteken, das einst die spanischen Eroberer hierher lockte. Für spektakuläre Naturphänomene wie die Nauyaca-Wasserfälle hatten sie damals vermutlich eher weniger einen Blick – ganz anders als die heutigen Besucher, die sich für das grüne Leuchten der hiesigen Naturschätze begeistern.

Coca-Cola

Mango No. 5

Oder war es der Mambo? Egal, getanzt wird in Costa Rica auch – aber dazu kommen wir erst später. Hier geht es um die Mango, und der King of Mango ist immer der, der die schönsten Früchte hat. Das erklärt vielleicht auch den durchaus zufrieden wirkenden Gesichtsausdruck dieses Straßenhändlers bei Orotina. Und wem seine Mangos nicht recht sind, dem hat er ja noch eine Menge weiterer wohlfeil dargebotener Früchte zu bieten.

Costa Ricas feine Strände

Lieber pazifisch oder karibisch?

Mehr als 1000 Kilometer Pazifik- und dazu noch über 200 Kilometer Karibikküste: Das verspricht schönste Strände zum Baden und Schwimmen, Surfen und Kiten. Es gibt sie in hell und dunkel, mit starkem und schwachem Wind bzw. Wellengang, mal mit, mal ohne jegliche Infrastruktur.

1 Playa Blanca

Goldgelb liegt sie da wie die pure Verführung: La Playa Blanca, ein etwa 1000 Meter langer Strand, den man sich keinesfalls entgehen lassen sollte. Die Playa ist teilweise vor der Brandung durch einen 600 Hektar großen Korallensaum geschützt und somit sogar für Familien mit Kindern badetauglich; auch für Schnorchler ist sie ein gutes Plätzchen. Sie galt lange als „der" Traumstrand Costa Ricas schlechthin. Doch in den letzten Jahren hat sich der Pazifik die Playa teilweise zurückgeholt – und dabei 50 Meter schmaler gemacht. Trotzdem bleibt die Kombination von fast perfektem Strand, unbebaut und palmengesäumt, plus fantastischem Nationalpark mit vielen Tieren direkt dahinter ideal. Ein paar Sodas – so nennt man in Costa Rica die kleinen Imbissstuben – sorgen am Nordende der Playa für das leibliche Wohl.

Cahuita, Karibikküste, www.cahuita.cr/webcam-cahuita

2 Playa Cocles

Gleich vorneweg: Familien werden sich an diesem Surf-Strand nicht besonders wohlfühlen. Er liegt etwas abgelegen, verfügt über keine Infrastruktur (nicht mal eine Getränkebude!), und die Wellen sind alles andere als kinderfreundlich. Für Surfer dagegen ist dieser Viertausend-Meter-Prachtkerl mit Breiten von knapp hundert Metern wie ein Paradies. Beige der Sand, grün die Schatten spendenden Bäume und der Regenwald dahinter, hellblau das Meer: Allein schon für diese Farbkombination gibt's eine glatte Eins. Direkt über dem Strandtuch sieht man meistens Faultiere im Geäst, draußen auf den Wellen zeigen braun gebrannte Surf-Boys und -Girls, was sie können. Und zwar nicht nur von Dezember bis Mai, wenn hier an der Playa Cocles sogar internationale Wettkämpfe ausgetragen werden. Auch Anfängern hilft eine kleine Surfschule direkt am Strand weiter.

Puerto Viejo, Karibikküste, www.puertoviejosatellite.com/playa-cocles.php

3 Playa Conchal

Der helle. feine Sandstrand ist voll mit Muscheln (Conchas), dazu das helle Blau des Meeres, das man an der Pazifikküste nicht allzu oft zu sehen bekommt: Über gut 3500 Meter erstreckt sich die unbebaute Playa mit ruhigem Wasser. Damit ist der Strand für Badegäste bestens geeignet, zumal es Liegestühle, Sonnenschirme, Schnorchelausrüstung, Kanus und leider auch Wassermotorräder (Jet-Skis) am Strand zu mieten gibt. Fliegende Händler verkaufen u.a. Pipas frias (Trinkkokosnüsse), hinter den Schatten spendenden Bäumen haben sich einige Resorts und Restaurants angesiedelt.

Halbinsel Nicoya, Pazifikküste, www.govisit-costarica.com/region/city.asp?cID=22

4 Playa Santa Teresa

An vielen Stellen fast menschenleer, naturbelassen und ungefähr 5000 Meter lang: Die Playa Santa Teresa wurde wiederholt unter die besten Strände Zentralamerikas gewählt – allerdings als Surfstrand. Der Sand ist beige-gräulich, die Wellen bei Ebbe auch für Anfänger (und Badegäste) eine Wonne, während bei Flut die Könner auf dem Brett sind. Entlang der parallel zum Strand verlaufenden Straße gibt es alles, was man hier so braucht, vom Autoverleih bis zur Zahnpasta im Supermarkt.

Halbinsel Nicoya, Pazifikküste, www.visitcostarica.com/en/costa-rica/playa-santa-teresa

5 Playa Tamarindo

Das Meer schimmert hübsch blau, und der helle Sandstrand mit felsigen Abschnitten ist langgestreckt: etwa 2000 Meter lang und oftmals weit mehr als hundert Meter breit. Das zieht besonders Surfer an, auf die im November und Dezember bis zu drei Meter hohe Wellen warten. In den übrigen Monaten sind aber auch ungefährliche Badefreuden möglich. Nur nördlich des Strandes, an der Flussmündung, heißt es stets aufgepasst: Im salzwasserhaltigen Mündungsgebiet leben Krokodile – und zwar keine kleinen …

Halbinsel Nicoya, Pazifikküste, www.tamarindobeachinfo.com

6 Playa Guiones

Wie Schaumkrönchen kommen sanfte Wellen an der einen, wie Zwei-Meter-Brecher laufen mächtige Wellen an einer anderen Stelle auf den 7000 Meter langen Sandstrand zu. Genau das lieben die Surfer: Wellen nach Lust und Laune! Die Gezeiten bringen es aber auch mit sich, dass man bei Ebbe am unverbauten, naturbelassenen Strand spazieren gehen und sogar Fahrrad fahren kann. Dann findet man auch verschiedene kleine Meeres-Pools zum Baden. Den Wechsel der Gezeiten sollte man aber im Auge behalten …

Halbinsel Nicoya, Pazifikküste, http://visitnosara.com/playa-guiones

7 Playa Manuel Antonio

Klein, aber oho! Und mitten in einem Nationalpark gelegen: Was will man mehr? Wenn man seinen Rucksack am hellen Sandstrand abstellt, um hinaus in die etwa 300 Meter lange, sichelförmige, von Schatten spendenden Bäumen gesäumte Bucht zu schwimmen, dauert es nicht lang, bis ein Affe oder Waschbär den Rucksack nach Fressbarem untersucht. In der Hochsaison ist der Strand meist völlig überlaufen, zudem gibt es keinerlei Infrastruktur. Aber in der Nebensaison ist es wunderschön.

Quepos, Pazifikküste, http://manuelantoniopark.com

8 Playa Dominical

Einfach mal bummeln gehen, mit Blick auf die im ewig gleichen Rhythmus anrollenden Wellen einerseits sowie nette Souvenirstände und Imbissbuden andererseits. Eine schöne Promenade, die zwischen Strand und Inland mit Bars und Restaurants verläuft, gibt es nur selten in Costa Rica. Aber die dunkelsandige, rund 4000 Meter lange Playa Dominical hat so eine Schokoladenseite. Der Strand selbst eignet sich für Surfer; Schwimmer gehen besser an der südlich gelegenen Playa Dominicalito ins Wasser.

Dominical, Pazifikküste, www.dominicalinformation.com

TEATRO NACIONAL

Wenn aus dem Momento ein Momentico wird

Welche Hauptstadt dieser Welt kann schon von sich behaupten, in einem fruchtbaren Tal mit Erdbeer- und Kaffeefeldern einerseits sowie mächtigen Vulkankratern andererseits zu liegen? Die schachbrettartig angelegte costa-ricanische Kapitale San José hat zudem auch noch Charme sowie reichlich Gold in einem Museum im Untergrund.

Das Teatro Nacional in der costa-ricanischen Hauptstadt wurde am 21. Oktober 1897 mit drei Faust-Aufführungen eingeweiht.

Die Orientierung ist leicht in San José: Von Ost nach West verlaufen die Avenidas, von Nord nach Süd die Calles. Das Herz der Stadt, die Avenida Central (auch: Avenida 0), ist eine der wenigen Fußgängerzonen.

Rechts: Blickt man auf den Stadtplan von San José, erkennt man, dass die Kirchen in Form eines Kreuzes angeordnet wurden, in dessen Mitte die hier im schönsten Sonnenlicht zu sehende Catédral Metropoliana steht.

Unten: Traditioneller Schuhputzer in der Altstadt von San José.

¡Pura Vida! – Das pure Leben! – lautet der gern zur Begrüßung wie zum Abschied sowie als genereller Ausdruck von Zufriedenheit und (Lebens-)Freude zitierte Wahlspruch der Costa-Ricaner.

Links: Straßenkünstler im Parque Morazán, dessen neoklassizistischer Templo de La Musica (1919) von dem in San José geborenen Architekten José Francisco Salazar Quesada gestaltet wurde.

Auch in San José gibt es eine Chinatown. Hier der Eingang dazu in der Avenida Segunda.

In Hülle und Fülle: Markt im Zentrum von San José.

„Costa Rica ist ein Land, so schmal wie die Taille einer schönen Frau."

Tico-Sprichwort

Der kleine grüne Frosch mit den riesigen roten Glubschaugen ist in Costa Rica allgegenwärtig. Egal, in welcher Stadt oder in welchem Dorf man sich bewegt, gefühlt alle zwei Meter blickt er auf einen herab. Nein, die Rede ist nicht vom Rotaugen-Laubfrosch auf einem Ast im grünen Regenwald. Gemeint ist der Kölbi-Frosch.

Kölbi – mit dem für die spanische Schrift ungewöhnlichen Buchstaben ö – ist ein bekannter Mobilfunkanbieter im mittelamerikanischen Staat. Und besagter Frosch ziert als Logo auch die Fußballtrikots des CS Herediano aus Heredia, einer Stadt im Valle Central bei San José, die auch Stadt der Blumen genannt wird und Heimat des zweimaligen Präsidenten und späteren Friedensnobelpreisträgers Óscar Arias Sánchez Heredia ist. Den bekanntesten ehemaligen Spieler von CS Herediano werden seit der Weltmeisterschaft 2014 sogar Fußball-Selten-Gucker kennen: Torwart Keylor Navas hielt den Kasten mit seinen Paraden so sensationell sauber, dass sein Team erst im Viertelfinale, und dort erst im Elfmeterschießen gegen die Niederlande ausschied.

Seit der WM spielt Navas bei den Königlichen, bei Real Madrid in Spanien. Und was macht Staatschef Luis Guillermo Solís ob des heroischen Triumphs seiner costaricanischen Mannschaft? Er gibt seinem fußballverrückten Volk einen Tag frei zum Feiern. Das sei ihm gegönnt, gerade aus deutscher Sicht. Denn selten hat jemand so am Nationalstolz gekratzt wie einst Bundestrainer Joachim Löw, als er sagte: „Vielleicht bekommen wir wieder einen leichten Gegner wie Costa Rica bei der WM in Deutschland ..."

Blick auf zwei Ozeane

Die Costa-Ricaner nennen sich selbst Tico (in weiblicher Form: Tica), weil sie, abgeleitet von Hermaniticos und Hermaniticas, also Brüderchen und Schwesterchen, gerne die typisch costa-ricanische Verkleinerung ico verwenden statt des sonst im Spanischen üblichen ito. So wird bei den Ticos eben aus einem Moment ein Momentchen (Momentico).

Die Hauptstadt, liebevoll „Chepe" genannt, ist Dreh- und Angelpunkt des Landes. Dort, am internationalen Flughafen Juan Santamaría, kommen auch fast alle Urlauber an, und schon beim Anflug können sie sehen, was ihr Reiseziel zu bieten hat: ein saftig grünes, langgezogenes, mehr als 1000 Meter hohes Hochtal, an dessen Seiten sich mächtige, teils über 3000 Meter hohe Vulkane aufreihen. Einer davon ist der Poás nördlich von San José im Valle Central, noch größer ist der Irazú im Westen – mit 3432 Metern der

Folkloretänzer vor dem Nationaltheater in San José.

höchste Vulkan des Landes. Bei guter Sicht kann man vom Irazú das Meer sowohl auf der Pazifik- als auch auf der Karibikseite sehen. Schlafen tun sie beide nicht, allenfalls zeitweise: Der Irazú gehört zu den unberechenbarsten Vulkanen im Land, sein Nachbar Turrialba und der Poás waren 2017 sogar monatelang wegen vulkanischer Aktivitäten gesperrt. Zuletzt brodelte der Rincón de la Vieja, allerdings im weiter entfernten Nordwesten des Landes. Aktuell gibt es weltweit 600 aktive Vulkane, davon sieben allein in Costa Rica. Sechzig weitere costa-ricanische Vulkane schlafen gerade oder sind schon erloschen. Nach einer anderen Zählung gibt es auf Costa Rica sogar 112 Vulkane – dabei wird aber jeder einzelne Krater mitgezählt, von denen beispielsweise es allein am Vulkan Irazú vier gibt. Hier in San José und im Valle Central liegen jedenfalls einige der Vulkane Costa Ricas nebeneinander wie riesige Maulwurfshügel.

Wo das Herz schlägt

Die Straßen von San José wurden wie in den meisten lateinamerikanischen Städten schachbrettartig angelegt. Am lautesten pocht Chepes Herz an der Plaza de la Cultura mit dem 120 Jahre alten Nationaltheater), einem der wenigen Bauwerke, das die zahlreichen Erdbeben unbeschadet

Special

Das Nationaltheater

Deckenfresko mit Fehlern

Es ist bis heute der ganz große Stolz der Ticos: 1044 Plätze und fast alles im Originalzustand von 1897 erhalten, als im damals für unglaubliche drei Millionen US-Dollar erbauten Nationaltheater mit dem „Faust“ das erste Stück gegeben wurde.

Das große Deckenfresko im Aufgang schaffte es als Motiv auf die Fünf-Colones-Banknote, die bis in die 1990er-Jahre ein gültiges Zahlungsmittel war und jetzt vor dem Teatro gegen Dólares angeboten wird – mal echt, mal als gut gemachtes Faksimile. Im Internet kursiert die Originalnote für rund 15 US-Dollar. Dabei hatte der italienische Maler einst schlecht recherchiert: Er ließ die Bananen falsch rum wachsen (nämlich nach unten), zeigt Kaffeepflückerinnen an der Küste (die nur im Hochland arbeiten) sowie eine Gaslampe (die es damals am Meer noch nicht gab). Finanziert wurde das Theater durch die Regierung und die mächtigen Kaffeebarone: Mit einer Theatersteuer auf Kaffee kam der Großteil der Bausumme zusammen. Das Teatro Nacional wird noch bis heute bespielt.

Allegorie des Kaffees (Alegoría del Café) heißt das Deckenfresko des italienischen Künstlers Aleardo Villa für das Nationaltheater.

www.teatronacional.go.cr

Innen wie außen ist das Nationaltheater von San José eines der schönsten Häuser der Stadt.

Wer kann, der kann: Tangotänzer in den Straßen von San José.

Der beste Ort, um in der Stadt Salsa zu tanzen, ist Castro's Bar y Discoteque in San Josés Barrio Mexico.

überstanden hat. Mit inzwischen knapp 340 000 Einwohnern ist San José im Vergleich zu anderen lateinamerikanischen Hauptstädten zwar immer noch winzig, doch im Großraum leben mehr als 1,6 Millionen Menschen, die durch die Lage im engen Tal arg von Staus geplagt sind.

Schlagen spürt man das Tico-Herz auch auf den Märkten und an den Straßenständen, denn die Magie der Stadt machen ihre so freundlichen wie hilfsbereiten Bewohner aus. Wohl dem, der ein paar Brocken Spanisch spricht oder sich gar traut, mit den Händen zu parlieren, morgens im Hauptmarkt Mercado Central beim Cafecito oder frisch gepressten Saft. Denn mit einem Cafecito, dem kleinen Kaffee, kommt jeder Tico gut in den Tag. Und gleiches soll natürlich auch für den Gast gelten.

Das Gold im Untergrund

Manche Schätze von San José liegen im Verborgenen: Das Kindermuseum war früher ein Gefängnis, das Museum Arte Costarricense ist in einem ehemaligen Flughafengebäude untergebracht, und wo, bitte, geht's eigentlich zum Goldmuseum? „Da entlang." Der freundliche Passant lacht verschmitzt: „Ja, Sie müssen da runter. Da unten ist keine U-Bahn, sondern unser Goldmuseum!" Also arbeitet man sich über Schrägen und Treppen immer tiefer und von Ausstellungsstück zu Ausstellungsstück: darunter manche nur wenige Zentimeter große, filigran gearbeitete Figuren, aber auch schwere Barren – und alles gut geschützt direkt unter der Plaza de la Cultura. Auch der weltweit größte Goldnugget soll sich hier unten befinden. Angaben über den Gesamtwert der rund 3000 sichtbaren und der noch weit höheren Zahl nicht ausgestellter Exponate werden nicht gemacht ...

Kleiner Ort, großes Stadion

San José sitzt wie die Spinne im Netz der Hochebene. Ein Großteil der Bohnen, die die Ticos Tag für Tag verspeisen, wird im Valle Central auf der fruchtbaren Erde

Oben: Ministerium für auswärtige Angelegenheiten in San José. Mitte: Mysteriöse Steinkugeln der Diquís-Kultur im Nationalmuseum. Unten: „Josefinos" werden die Einwohner von San José (hier an einem Stand im Mercado Central) auch genannt.

Oben: In einem schönen Kolonialbau untergebracht ist das zentral gelegene Hauptpostamt von San José, in dem es auch ein Briefmarkenmuseum zu besichtigen gibt.

Links: Nördlich der Plaza de la Cultura kreuzen sich die Calle 5 und die Avenida Central.

Ochsenkarrenparade in San Antonio de Escazú: Im costa-ricanischen Alltag bekommt man echte Carretas wie hier kaum noch zu sehen.

Um beim Transport nicht im Schlamm stecken zu bleiben, entwickelten die Costa-Ricaner für ihre Ochsenkarren eine Mischung aus der von den Azteken verwendeten Scheibe und dem von den Spaniern eingeführten Speichenrad.

Ochsenkarrenfabrik in Sarchí: Früher hatte jede Region in Costa Rica ein eigenes Design, sodass man die Herkunft eines Ochsenkarrenfahrers an den bunt gemalten Mustern auf den Rädern erkennen konnte. Diese Handwerkstradition ist ein Immaterielles Kulturerbe der Welt – so bezeichnet die UNESCO „entscheidend von menschlichem Wissen und Können" getragene Formen des Ausdrucks von „Kreativität und Erfindergeist", die „Identität und Kontinuität" vermitteln, indem sie „von Generation zu Generation weitergegeben und fortwährend neu gestaltet" werden.

Zehn bis 15 Tage dauerte früher eine Fahrt vom Valle Central mit den – bis obenhin mit Kaffeebohnen gefüllten – Ochsenkarren über die Berge bis nach Puntarenas.

Vom Mailänder Dom inspiriert wurde die Iglesia de San Isidro de Heredia, mit deren Bau im Jahr 1894 begonnen wurde.

Einblick in die Kaffeeproduktion – vom Pflanzen und Trocknen bis zum Würzen der Bohnen – ermöglicht eine Führung auf dem Gelände des größten Gourmet-Kaffeeherstellers Costa Ricas, Café Britt.

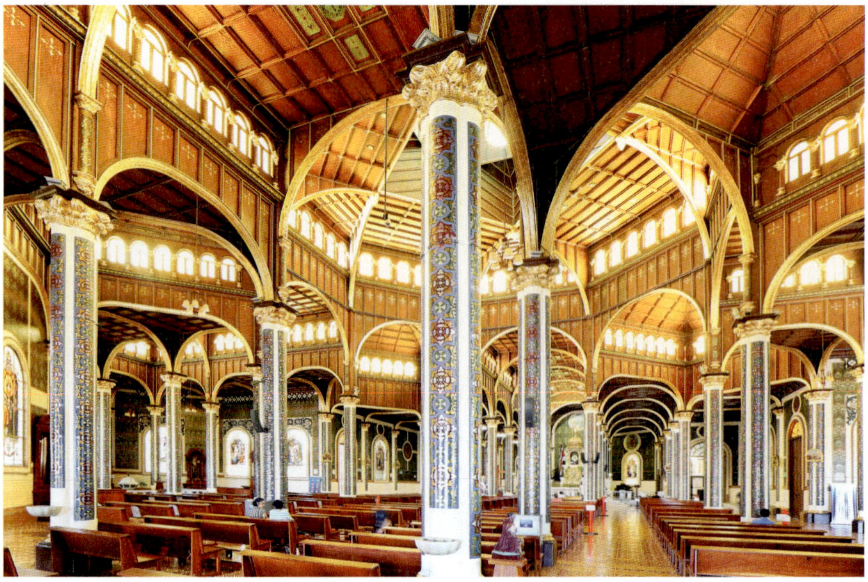

Mittleres Bild: Froschkönig wartet auf den ersten Kuss im Jardín Botánico Lankester in Cartago.
Unten: Im byzantinischen Stil prunkt die Basilika Nuestra Señora de los Ángeles in Cartago.

Kaffeeplantage zu Füßen des Vulkans Poás: Als besonders mild und bekömmlich wird der costa-ricanische Kaffee gerühmt. Angebaut werden ausschließlich Arabica-Arten.

des Vulkans Poás angebaut. Wer zwischen November und Februar dort ist, wird auf der Fahrt in Richtung Poás sehen, wie die roten Arabica-Bohnen von Hand von den Sträuchern geerntet werden, während zu anderen Jahreszeiten rote Erdbeeren überraschen, die man dann auch gleich an vielen Straßenständen kaufen und naschen kann. Im Valle Central liegen aber auch Sarchí, die Wiege des costaricanischen Kunsthandwerks, und Cartago, 1563 als erste spanische Siedlung in Costa Rica gegründet. Und in Heredia wird nicht nur Fußball gespielt, sondern hier findet man auch die schönsten Frauen des Landes – denn der Beiname der Stadt, Cuidad de las Flores, bezieht sich nicht im Wortsinn auf Blumen ...

In der historischen Altstadt hält die Kirche der Madonna der unbefleckten Empfängnis seit 1797 allen Erdbeben, Überschwemmungen und Vulkanausbrüchen tapfer stand – während in Ujarras von der 1681 erbauten Kirche nebst Kloster, Schule und Friedhof nur noch Ruinen erhalten sind. 1920 wurde die erste in Costa Rica erbaute Kirche zum Nationaldenkmal erklärt und auch als Weltkulturerbe vorgeschlagen, was die UNESCO jedoch ablehnte. Eine religiöse Prozession Mitte März von Cartago zu den Ruinen gedenkt jährlich der Jungfrau von Ujarras. Ihr wurden Ende des 17. Jahrhunderts einige Wunder zugesprochen wie das spontane, heftige Glockengeläute als Warnung vor dem Angriff durch den Piraten Henry Morgan. Heute geben herabhängende Aufsitzerpflanzen der Ruine und ihrer direkten Umgebung eine mystische Atmosphäre.

Der beste Kaffee, das größte Stadion

Richtung Hochland im Norden fährt man wieder durch weitläufige Kaffeeplantagen. Die Ticos sagen, der beste Kaffee käme aus Llano Bonito bei Naranjo. Und sie sagen auch: Dort und nicht in San José stehe das größte Fußballstadion des Landes. Denn der Fußballplatz in Narnajo ist mitten im Ort so tief angelegt, dass man die Spiele fast von jedem Fenster der Stadt aus sehen kann. Und der kleine grüne Kölbi-Frosch sieht auch bei jedem Spiel zu. Genauer: dutzende Frösche.

LAND OHNE ARMEE

Don Pepe sei Dank

Null Dollar fürs Militär? So einen Staatshaushalt gibt's nur dann, wenn eine Nation gänzlich auf eine Armee verzichtet. Costa Rica macht das seit 1949. Damals wie heute steht die Bevölkerung mehrheitlich hinter dieser friedvollen Entscheidung.

Auf der Plaza de la Democracia vor dem Nationalmuseum in San José erinnert eine Statue an José Figueres („Don Pepe") Ferrer.

Da ist sie, die gefürchtete Costa-Rica-Armee: Ein Geschwader setzt zum Tiefflug an, doch es fliegt so lausig, dass man glaubt, sie stürzen gleich ab. Aber das machen sie natürlich nicht – die netten Zwergpapageien, wohl die friedlichste Luftwaffe, die es gibt auf Erden. Mit lautem Gekreische drehen sie ab am Nationalmuseum von San José, jenem geschichtsträchtigen Gebäude, in dem Costa Ricas Militär abgeschafft wurde.

„Wer den Frieden will, soll sich auf den Frieden vorbereiten und nicht auf den Krieg.“ José Figueres Ferrer

Die fünf mittelamerikanischen Staaten symbolisieren diese Statuen des im Jahr 1885 errichteten Nationaldenkmals im Parque Nacional in San José.

„Es leben für immer …

Es war im Jahr 1949, als nach 44 Tagen Bürgerkrieg und rund 2000 zu beklagenden Toten das Militär entmachtet und sein Hauptquartier zum Nationalmuseum deklariert wurde. Heute dokumentieren darin bewegende Schwarz-Weiß-Aufnahmen aus dieser Zeit, was damals passierte. José Figueres Ferrer (1906–1990), genannt Don Pepe, der wegen seiner Kritik am politischen System Costa Ricas sieben Jahre im Exil gewesen war, putschte sich mit seiner Befreiungsarmee gegen den durch Manipulationen an die Macht gekommenen Rafael Ángel Calderón Guardia. Danach regierte er 18 Monate selbst das Land und vollzog in dieser kurzen Zeit mit einer Übergangsjunta grundlegende Änderungen: angefangen bei der Verstaatlichung der Banken und dem gleichzeitigen Verbot der Kommunistischen Partei über die Einführung einer unabhängigen Gerichtsbarkeit bis hin zur Abschaffung des Militärs. Danach überließ er dem eigentlich gewählten Otilio Ulate Blanco das Präsidentenamt. Seitdem hegt das Land keine militaristischen Absichten mehr und sieht sich quasi als „Schweiz Mittelamerikas“ der immerwährenden unbewaffneten Neutralität verpflichtet. Statt in Bomber und Gewehre wurde in Bildung und Gesundheit investiert. „Es leben für immer die Arbeit und der Friede!“, so lautet der Wahlspruch der Republik Costa Rica. Und so gilt das Land nicht nur als Paradies mit wunderbarer Natur ohne kalte Winter, sondern auch als die älteste, stabilste und fortschrittlichste Demokratie in Lateinamerika: Seit dem Jahr 1821 selbstständig, wurde 1824 die Sklaverei abgeschafft und 1877 die Todesstrafe.

… die Arbeit und der Friede!“

Rund 80 Prozent der Einwohner stehen hinter der anti-militärischen Ausrichtung. Es gibt bis heute lediglich eine Polizeieinheit, die den Grenzschutz übernimmt. „Wir sind friedlich.“ – „Wir sind stolz ohne Armee und fühlen uns auch ohne Schutzmacht sicher.“ Einschätzungen wie diese hört man immer und überall. Die junge Studentin sagt das genauso wie der alte Opa, der zeit seines Lebens ein Bauer war. Und das trotz des nördlichen Nachbarn Nicaragua, der dreimal versuchte, in Costa Rica einzumarschieren, zuletzt vor drei Jahren. Jedes Mal entschied der Internationale Gerichtshof in Den Haag auf Unrechtmäßigkeit, und so zogen die Nicaraguaner dreimal von dannen und mussten jeweils Entschädigung bezahlen.

Für den südlich gelegenen Nachbarn Panama war Costa Rica ein gutes Vorbild: Seit 1990 gibt es auch dort keine Armee mehr, wie in insgesamt 22 Ländern dieser Erde, von denen allerdings nur fünf ohne Schutzmacht auskommen. Neben Costa Rica und Panama sind dies Liechtenstein sowie die Südsee-Staaten Tuvalu und Vanuatu. Die anderen 17 Länder vertrauen auf enge Partner wie zum Beispiel die Zwergstaaten Monaco und San Marino auf Frankreich und Italien oder Palau auf die USA und Samoa auf Neuseeland.

Weitere Information …

… im Nationalmuseum,
Cuesta de Moras, Di.–So. 9.00–16.30 Uhr,
www.museocostarica.go.cr

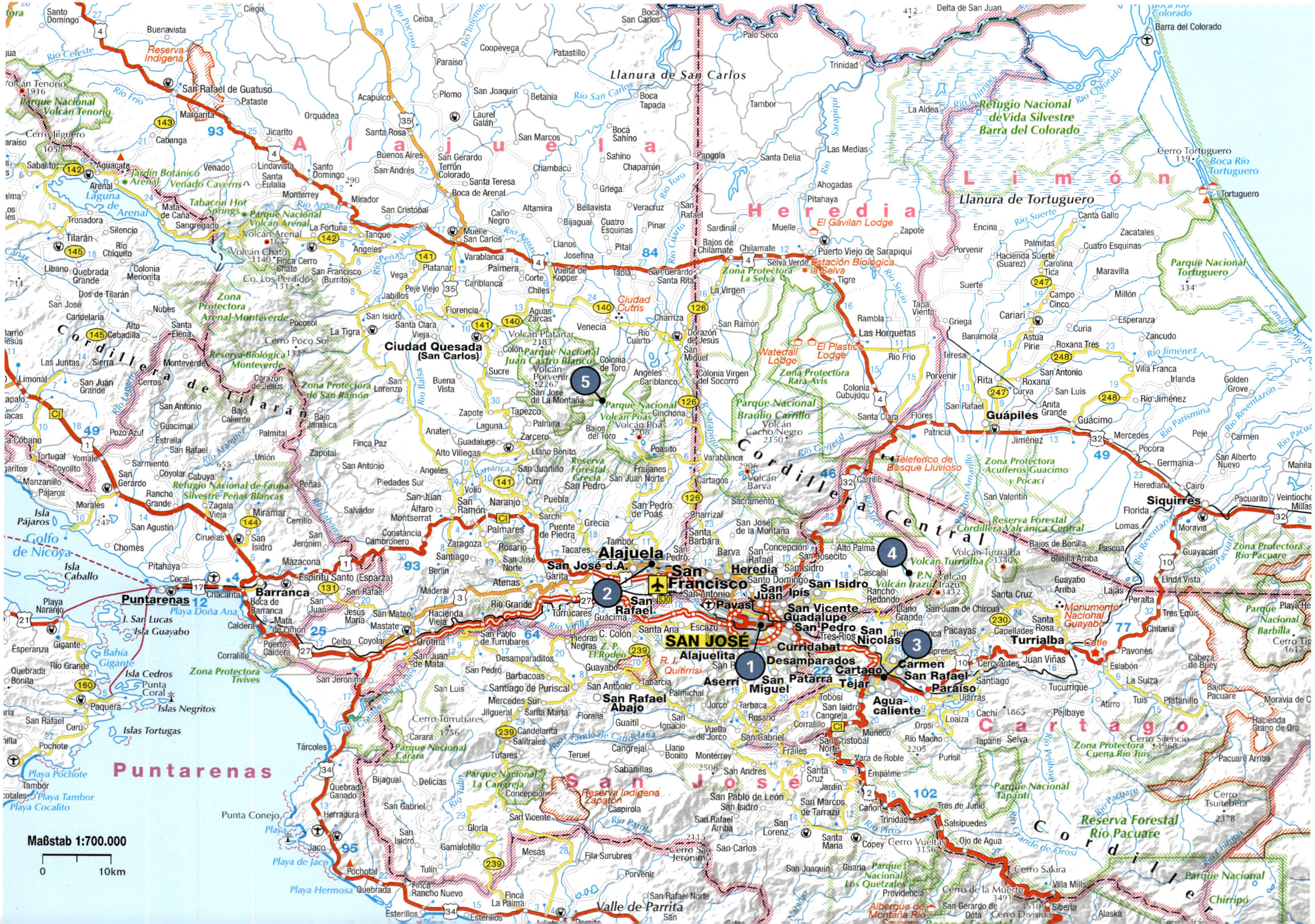

A l a j u e l a
H e r e d i a
L i m ó n
P u n t a r e n a s
S a n J o s é
C a r t a g o
Llanura de San Carlos
Llanura de Tortuguero
Cordillera de Tilarán
Cordillera Central
SAN JOSÉ
Alajuela
Heredia
Cartago
Puntarenas
Barranca
Ciudad Quesada (San Carlos)
Guápiles
Siquirres
Turrialba
Golfo de Nicoya
Refugio Nacional de Vida Silvestre Barra del Colorado
Parque Nacional Tortuguero
Parque Nacional Braulio Carrillo
Parque Nacional Volcán Poás
Parque Nacional Volcán Arenal
Parque Nacional Volcán Tenorio
Parque Nacional Juan Castro Blanco
Parque Nacional Tapantí
Parque Nacional Chirripó
Reserva Forestal Río Pacuare
Monumento Nacional Guayabo
Volcán Irazú
Volcán Turrialba
Laguna de Arenal
Maßstab 1:700.000
0
10km

Schachbrett im Hochtal

Rechts Vulkane, links Vulkane und dazwischen ein langgezogenes Altiplano auf mehr als tausend Metern Höhe – fertig ist das Valle Central. Wer nach Costa Rica reist, sucht unverfälschte Natur, üppige Regenwälder, bunte Tucane und natürlich Vulkane. Aber natürlich steht auch ein Besuch in der Insel-Kapitale San José auf dem Programm.

1 San José

Schachtbrettartig angelegt liegt die Hauptstadt San José, genannt „Chepe", mit knapp 340 000 Einwohnern mitten im Valle Central. Tagsüber schwillt die Stadt mit Pendlerströmen aus Alajuela, Heredia, Cartago und dem Flughafenvorort Escazú an. Deshalb sollte man Autofahrten in der Rushhour vermeiden.

SEHENSWERT

An der **Plaza de la Cultura** wird morgens um 10.00 Uhr der Springbrunnen eingeschaltet, zur vollen Stunde zwischen 18.00 und 22.00 Uhr leuchtet der Brunnen zur Musik bunt auf. Herz des Platzes ist das **Nationaltheater**. Das vor mehr als 100 Jahren im Stil der Pariser Oper gebaute Haus ist schon allein wegen seiner Deckenfresken eine Besichtigung wert (tgl. 9.00 bis 16.00 Uhr, www.teatronacional.go.cr). Die Eisenbahnstation **Ferrocarril Atlantico** wurde 1908 eröffnet; in der schön gefliesten Schalterhalle atmet noch die alte Zeit. Auf den Gleisen fahren aber nur moderne Züge.

Ruinas de Ujarrás: Reste der ersten Kirche Costa Ricas (17. Jh.) sind im Orosi-Tal östlich von San José zu sehen (oben). Rechts oben: das Estadio Nacional de Costa Rica in San José. Darunter: der Eingang zum Goldmuseum.

MUSEEN

Das wichtigste Museum des Landes liegt unter der Erde: das **Goldmuseum** TOPZIEL als ständige Ausstellung im Museum der Zentralbank Costa Ricas. Neben Exponaten aus präkolumbischer Zeit sind Grabbeigaben, Schmuckstücke, filigrane Figuren und Münzen zu sehen – allesamt aus Gold (Plaza de la Cultura, tgl. 9.15 bis 17.00 Uhr, www.museosdelbancocentral.org). Das **Nationalmuseum** informiert nicht nur über die jüngere Geschichte des Landes, sondern auch über die präkolumbische Epoche und die Kolonialzeit. An den Außenwänden des Gebäudes erkennt man noch Einschusslöcher aus dem Bürgerkrieg von 1948 (Cuesta de Moras, Di.–So. 9.00–16.30 Uhr, www. museocostarica.go.cr). Im **Jademuseum** finden sich 7000 gut erhaltene Jadefiguren aus der Zeit von 500 bis 300 v. Chr. (Avenida Central/Calle 13, Mo. bis So. 10.00–17.00 Uhr, www.museodeljadeins.com). An eine gelbe Burg aus Legosteinen erinnert das **Kindermuseum**, das erste, in einem ehemaligen Gefängnis (bis 1979) untergebrachte interaktive Museum Mittelamerikas (Calle 4/Avenida 9, Di.–Fr. 8.00–16.30, Sa., So. 9.30–17.00 Uhr, www.museocr.org). Der Flughafen La Sabana am Rand des gleichnamigen Parks war der erste Airport der Hauptstadt. Nach Stilllegung und Restaurierung ist das **Museo de Arte Costarricense** mit mehr als 2000 Bildern in das neokoloniale Flughafengebäude eingezogen (Calle 42, Di.–So. 9.00 bis 16.00 Uhr, www.musarco.go.cr)

VERANSTALTUNGEN

Mitte März ziehen beim **Día de los Boyeros** die Ochsenwagenfahrer mit ihren geschmückten Karren durch San Antonio de Escazú, westl. von San José. Ende Dez. gibt es einen **Karnevalsumzug** in San José.

AKTIVITÄTEN

Mehrmals im Jahr startet Mittwochabend die **Art City Tour**. Kostenfreie Busse bringen die

Tipp

Tradition & Souvenir

Es gibt sie handtellerklein als praktisches Mitbringsel für zu Hause und so groß, dass man sie vor einen Ochsen spannen kann. Die Rede ist von den knallbunten **Ochsenkarren** aus Holz, die in Sarchí, nordwestl. von San José, produziert werden und wo auch der größte Ochsenkarren der Welt (Abb. unten) zu bewundern ist. Was heute vornehmlich der Zierde und als Touristenattraktion dient, basiert auf einer alten Handwerkstradition (siehe S. 32/33).

INFORMATION
www.souvenirscostarica.com

Oben: Parque Central in Alajuela, das auch als Ciudad de los Mangos, als Stadt der Mangos gerühmt wird. Links: die Basilika Nuestra Señora de los Ángeles in Cartago. Darunter: Karfreitagszeremonie in Flores (Provinz Heredia).

Interessierten u. a. zum National-, Gold- und Jademuseum, zum Kunstmuseum Arte Costarricense, zum historischen Museum Calderón Guardia und zur Nationalgalerie. Der Eintritt in die Museen ist dann frei. Termine unter www.gamcultural.com.

EINKAUFEN
Zum Bauernmarkt **Feria Verde de Aranjuez** bringen die Bauern alles, was im fruchtbaren Valle Central wächst (Calle 19, Sa. 7.00–12.30 Uhr, www.feria verde.org).

RESTAURANTS
Das **€€€€ Grano de Oro** gehört zu den besten Restaurants im Land. Dort steht seit gut 20 Jahren mit Francis Canal Bardot ein Franzose am Herd (Calle 30/Avenida 2, Tel. 22 55 33 22, www.hotelgranodeoro.com).
€€€€ Jürgen's Restaurant ist eines der Promi-Restaurants in der Hauptstadt, Chef seit rund 15 Jahren ist der Deutsche Jürgen Mormels. Es gibt gehobene Küche mit französischem Einfluss und leckeren Wein (Barrio San Pedro, Tel. 22 24 24 55, www.hotelboutiquejade.com).
Als gastronomisches Epizentrum mit lokaler Küche empfiehlt sich das Viertel Escalente östl. des Marktes Feria Verde de Aranjuez, z. B. das **€€ Luna Roja** mit moderner lateinamerikanischer Küche (Calle 33/Avenida 3, Barrio Escalante, Tel. 22 25 49 19).

HOTELS
€€€€ Grano de Oro, Goldbohne, heißt die Finca am Stadtrand mit schönem Innenhof, in dem gefrühstückt wird, plätschernden Brunnen, alten Fotos in Goldrahmen an den Wänden und allen modernen Annehmlichkeiten in den Zimmern mit Patio (siehe „Unsere Favoriten", S. 115).

Jung, hip und bunt präsentiert sich das **€€ Aloft**. Frühstück im Freien, Pool, abends legen DJs auf (Forum 2/Business Park, Tel. 22 05 35 35, www.starwoodhotels.com).

UMGEBUNG
Einen Besuch in der Provinzhauptstadt **Heredia** kann man gut mit einer Visite der Britt-Kaffeeplantage etwas weiter nördl. verbinden (www.coffeetour.com).

INFORMATION
Oficina de turismo, Avenida Central/ Calle 1, San José, Tel. 22 22 10 90, www.visitcostarica.com

② Alajuela

Hübsches Städtchen mit rund 60 000 Einwohnern im Umkreis des internationalen – nach dem in Alajuela geborenen Nationalhelden Costa Ricas benannten – Flughafens Juan Santamaría.

SEHENSWERT/MUSEUM
Am **Parque Central** befinden sich die 1886 fertig gestellte **Kathedrale de Nuestra Señora del Pilar** mit ungewöhnlichem roten Wellblechdach sowie das in einem ehemaligen Gefängnis untergebrachte kleine **Museo Histórico Cultural Juan Santamaría** (Avenida 1/Calle Central, Di.–So. 10.00–17.30 Uhr, www.museojuansantamaria.go.cr).

VERANSTALTUNGEN
Unter den Bäumen am Parque Central wird Mitte Juli das **Mango-Fest** gefeiert.

RESTAURANT UND HOTEL
Ein Muss ist die **€€ Pesqueria Qlity Fish** mit ihrem Ceviche, in Limone mariniertem Fisch (Avenida 7, Tel. 24 30 35 72).
Etwas außerhalb liegt die geschmackvoll gestaltete **€€€€ Finca Rosa Blanca**, ein Kaffeeplantagen-Resort mit großen Zimmern, großen Terrassen und herrlichen Ausblicken auf die umliegenden Berge und Plantagen (siehe „Unsere Favoriten", S. 115).

INFORMATION
http://ciudaddelosmangos.com

③ Cartago

In der Kolonialzeit war Cartago die Hauptstadt Costa Ricas, aber die meisten Bauten aus dieser Epoche wurden durch Erdbeben zerstört. Heute zählt die Stadt knapp 150 000 Einwohner.

SEHENSWERT
Am Hauptplatz **Plaza Mayor** befinden sich die Ruinen der zerstörten **Kathedrale de Santiago Apóstol**. Die imposante **Basilika Nuestra Señora de Los Ángeles** thront am Stadtrand. Am 2. Aug., dem **Tag der Jungfrau de los Ángeles**, pilgern Zehntausende zur Basilika, um die Statue der Jungfrau zu sehen.

RESTAURANT UND HOTEL
Gut bürgerlich isst man etwa 2 km außerhalb im **€€ Mi Tierra** (Puente Bailey, Tel. 25 53 37 37, www.mitierrarestaurante.com). 11 km außerhalb führt der Deutsche Andreas Feith seine **€€ Orosi Lodge** mit 6 Zimmern und 7 Chalets (Valle de Orosi, Tel. 25 33 35 78, www.orosilodge.com).

INFORMATION
Oficina de turismo, Calle 16, Tel. 25 50 46 35, www.visitcostarica.com

④ Nationalpark Irazú

Mit 3432 m ist der Irazú der höchste Vulkan Costa Ricas. Der ihn umgebende Nationalpark

Tipp

Kolibris & Co.

Kolibris, die nur einen Flügelschlag von der eigenen Nasenspitze entfernt beim Trinken beobachtet werden können, Schmetterlinge, die durch die riesigen Vogel-Volieren an einem vorbeifliegen. Affen, Reptilien, Frösche und Wildkatzen: Jeder soll für sich selbst entscheiden, was ihm in den **Waterfall Gardens** unweit des Vulkans Poás, am besten gefällt. Gelungener Abschluss des Besuchs ist eine Wanderung zum Wasserfall, der dem grünen Park seinen Namen gab.

INFORMATON
www.waterfallgardens.com

Volcán Irazú wurde 1955 eingerichtet und umfasst knapp 2500 ha.

SEHENSWERT
Der **Vulkan Irazú TOPZIEL** ist bequem zu erreichen: Die Entfernung vom Parkplatz zum Kraterrand beträgt lediglich 300 m. An klaren Tagen sieht man von oben sowohl die Karibik- als auch die Pazifikküste (tgl. 8.00–15.30 Uhr). Zur Auswahl stehen Rafting-, Kajak-, Canopy- und Reittouren (www.explornatura.com).

RESTAURANT UND HOTEL
20 km südl. von Turrialba liegt am Stausee Angostura die elegante **€€€ Casa Turire** mit gehobener Küche (Tel. 25 31 11 11, www.hotelcasaturire.com). Auf halber Strecke zwischen den Vulkanen Irazú und Turriaba befindet sich auf 1500 m die schön gelegene **€€€€ Guayabo Lodge** mit 28 Zimmern (Santa Cruz, Tel. 25 38 84 00, www.guayabolodge.co.cr).

UMGEBUNG
Auch zum immer noch aktiven **Vulkan Turrialba** gehört ein ihn umgebender, nach ihm benannter Nationalpark. Die größte Ausgrabungsstätte des Landes, **Guayabo Monumento Nacional Arqueológico**, liegt 20 km östl. von Turrialba, etwas versteckt im Bergregenwald. In westl. Richtung des Irazú befindet sich zudem der **Nationalpark Braulio Carillo**. Höchster Vulkan ist der 2906 m hohe Barva.

INFORMATION
Parque Nacional Irazú, Santa Rosa,
Tel. 22 00 50 25, www.sinac.go.cr

5 Nationalpark Poás

Highlight des 650 ha großen Parque Nacional Volcán Poás ist der gleichnamige Vulkan.

SEHENSWERT
Die Aussichtsplattform mit Blick in den nördlichen Krater auf 2574 m Höhe ist auch für Menschen mit eingeschränkter Mobilität gut zu erreichen (tgl. 8.00–15.30 Uhr). Allerdings ist dieser 1,5 km breite und über 300 m tiefe Kraterschlund mit 40 Grad heißem Wasser häufig unter Rauch- und Nebelschwaden verborgen. Auch beim Poás handelt es sich um einen aktiven Vulkan, wie zuletzt mehrere Eruptionen im Jahr 2017 eindrucksvoll belegten. Die notwendigen Aufräumarbeiten danach dauerten zum Redaktionsschluss dieses Heftes noch an.

HOTEL
Jedes Zimmer hat einen Balkon und jeder Balkon ein Jacuzzi in der liebevoll gestalteten **€€€€ Peace Lodge**, einem ökologisch geführten Haus mit Hängematten und tollem Pool (Vara Blanca, Tel. 24 82 27 20, www.waterfallgardens.com).

INFORMATION
Parque Nacional Volcán Poás, Poasito,
Tel. 24 82 21 65, www.sinac.go.cr

Genießen Erleben Erfahren

DuMont Aktiv

Costa Rica a bailar

„Tanzen? Tanzen ist mehr als Spaß und Sport. Tanzen ist ein Teil des Lebens, Teil unserer Kultur und unserer Identität." Doris Molena ist nun schon seit über 30 Jahren Tanzlehrerin, und sie liebt ihren Job immer noch: „Tanzen macht gute Stimmung, weil du neue Freunde findest. Es ist aber auch gesund, weil du Gewicht verlierst. Und, mal ganz ehrlich: Tanzen ist doch zehnmal besser als ins Gym zu gehen ..."

Die Tanzschule Merecumbé, äußerlich eher unscheinbar, liegt etwas versteckt im Stadtteil San Pedro von San José. Gefunden wird sie aber trotzdem – von Japanern und Chinesen, Spaniern und Amerikanern oder Deutschen sowie von den Ticas und Ticos sowieso. „Für manche ist Tanzen lernen ein guter Grund, um überhaupt nach Costa Rica zu kommen", sagt Doris. „Costa Rica a bailar – Costa Rica zum Tanzen – Das suchen die Menschen! Auch ein hüftsteifer Alemán kann tanzen wie ein Tico! Haben wir alles schon gehabt!" Auch wenn die Latinos im Vorteil sind: „Schließlich", lacht Doris, „können die kleinen Kinder bei uns schon tanzen, bevor sie gehen lernen ..."

Gerade werden neue Kurse eingeteilt: Es gibt sieben Merecumbé-Lehrer für Bachata, Cha-Cha-Cha, Mambo, Merengue, Reggaeton, Salsa und – in Costa Rica besonders beliebt – Bolero, zu dem die Musik so herrlich schön nach Tristeza klingt, was aber überhaupt nichts daran ändert, dass dabei alle mit gutem Schritt und seligem Blick so richtig happy werden ... Woran das liegt? Doris weiß es aus langjähriger Erfahrung: „Sobald du entdeckt hast, wie gut sich Tanzen anfühlt, willst du es einfach immer wieder erleben!"

Weitere Informationen

2 Wochen-Kurse, Mo.–Sa. jeweils 2 Std. von 19.00 bis 21.00 Uhr, kosten bei Merecumbé in San José ab 150 US-Dollar; Tel. 22 24 35 31, merecumbesanpedro01@gmail.com

Im Schatten des perfekten Kegels

Costa Ricas Norden wird bestimmt vom idealtypisch geformten Vulkan Arenal mit dem gleichnamigen See und Nationalpark. Schmetterlinge flattern umher, Frösche verharren regungslos, ein Fluss ist unwirklich blau, der Märchenwald neblig – und ein Badeerlebnis erinnert an die Liebesgöttin Aphrodite …

Vom Pool des Hotels Arenal Manoa in La Fortuna hat man einen herrlichen Blick auf den Vulkan Arenal.

Regen. Natürlich Regen. Der Name Regenwald kommt ja nicht von ungefähr. Wobei der Regen wie Regenstaub wirkt, feiner noch als Niesel, als seien die Tropfen durch ein unsichtbares Sieb gepresst worden. Das Dach des Waldes ist dicht, weit mehr als 50 Meter hoch. Jede Pflanze kämpft um Licht und Wasser. Jeder Regentropfen trifft ungezählte Male auf Bäume, Blätter, Äste, Tiere, wird kleiner, verstäubt, ehe er sich, unten angelangt, fein und weich über Kopf und Körper legt wie ein Film.

Es ist ein Dickicht von Büschen, Farnen, Bäumen und Kletterpflanzen, die sich in die Höhe winden, sowie von Lianen, die wie strubbeliges Haar herunterhängen. Nährstoffe (wie fallende Blätter) werden so rasch aufgenommen und verwertet, wie ein Schwamm Wasser saugt. Durch eine solche Pflanzendichte wirkt sogar das spärlich einfallende Licht grün im Nationalpark Arenal, einem Musterbeispiel von primärem Regenwald, der so bezeichnet wird, wenn er sich ohne menschliche Einflussnahme als Urwald entwickeln konnte.

Es sei denn, im Dschungel tut sich ein Loch auf. Dann lugt manchmal ein Stückchen Himmel ins Grün, und man staunt über die farbenfroh geschreckten Kolibris, die mit 50 Flügelschlägen pro Sekunde in der Luft stehen und an leuchtend roten Blüten saugen. Auf umgestürzten Stämmen haben sich Orchideen und Bromelien eingerichtet. Auch eine gelbliche Helikonie zeigt ihre bizarre Schönheit. Das direkte Licht vom Himmel schenkt ihnen allen ihre intensiven Farben in diesem dominanten Dschungel-Grün.

Sex, Drugs and Rock ‚n' Roll

Überall summen Insekten, singen, schnattern und gurren Vögel. Costa Rica gehört zu den artenreichsten Ländern der Welt. So gibt es hier zum Beispiel mehr Schmetterlingsarten als in ganz Afrika.

So ein männlicher Schmetterling lebt nur 18 Tage. In dieser Zeit trinkt er die 50-fache Menge Alkohol, die er eigentlich vertragen würde, tanzt dementsprechend froh

Wer zu Füßen des Wasserfalls in der Reserva Ecológica Catarata Rio Fortuna ein stilles Bad nehmen möchte, muss früh aufstehen – oder Glück haben, Fortune eben. Aber auch das gemeinsame Plantschen macht eine Menge Spaß …

Deutlich wärmer ist das Bad im Balneario Tabacón, einem luxuriösen Thermalbad westlich von La Fortuna.

Hängebrücke bei der Arenal Observatory Lodge im Nationalpark Volcán Arenal.

Blick auf den Lago Arenal: Obwohl der größte See Costa Ricas seine Existenz einem Staudamm verdankt, fügt er sich sehr natürlich in die ihn umgebende Hügellandschaft ein.

Wassersport am Lago Arenal, im Schatten des namengebenden, idealtypisch geformten Schicht- oder Stratovulkans.

„Ich zeige die Natur durch meine Augen, da die meisten in der Natur nichts sehen."

Jorge Marín, Natur-Guide in Monteverde

gelaunt durch die Lüfte, bis er ein Weibchen findet, das mit ihm 48 Stunden ohne Unterbrechung Liebe macht. Und aus den halb gegorenen, abgefallenen Beeren kommt sein Lieblingstropfen ... Der schöne Flattermann saugt und kann scheinbar gar nicht genug davon bekommen: Sex, Drugs und Rock ‚n' Roll.

Schon so mancher Name bringt einen ins Schwärmen: Da leben Quetzals, die fliegenden Namensgeber für die Währung von Guatemala. Brüllaffen hört man mehr als einen Kilometer weit. Leguane schleichen umher, Faultiere hängen regungslos im Geäst. Hellrote Aras lassen sich nur selten blicken, sind aber ebenfalls unüberhörbar, grüne Papageien schreien laut, während der Tucan einfach nur wunderschön ist. Und ein Ameisenbär ist auf der Suche nach – genau: Ameisen. Manchmal sieht man auch ganze Kolonnen von Blattschneideameisen, die an gewaltigen Baumstämmen abwärts laufen und huckepack riesige Blattstückchen transportieren.

Der Dschungel erobert sich sein Grün zurück

Wer Charles Darwins Evolutionstheorie bislang nicht verstanden oder angezweifelt hat, der wird im Regenwald von Arenal eines Besseren belehrt. Groß frisst Klein, Licht wirft Schatten, und entscheidend ist immer die Frage: Freund? Feind? Oder einfach nur Beute?

Für den Ameisenbär ist die Sache klar. Für den Menschen auch: Er hat keine echten Feinde im Regenwald und nimmt sich einfach ein Stückchen davon, diniert bei Kerzenlicht auf seiner Terrasse mitten im Dschungel. Sein privater mit Thermalwasser gefüllter Pool schimmert hellblau, und das unnachahmliche Plopp sorgt für Vorfreude auf ein gutes Fläschchen im fantastischen „Nayara Springs Resort". Oder er baut sich Schneisen für eine Sky Tram, sieben Ziplines und fünf Hängebrücken in die Natur.

Wie war das nochmal mit dem Primärwald? Die nette Sky-Tram-Fahrerin Janancy beschwichtigt: Zwar bringt sie täglich rund 600 Zipliner nach oben, „aber wenn wir nicht wöchentlich die Schneise neu beschneiden, wäre alles binnen zwei, drei Wochen zugewuchert, und nach sechs Wochen wüsste man gar nicht mehr, dass es da überhaupt mal eine Sky Tram gegeben hätte ..."

Darwins Theorie gilt also auch für die Eingriffe des Menschen: Der Dschungel erobert sich sein Grün immer wieder zurück. Nur den größten Binnensee des Landes, den hat die Natur wohl akzeptiert: Der Lago Arenal befindet sich

Unterwegs im märchenhaften Monteverde-Nebelwald: Das namengebende Naturphänomen entsteht durch die vom Karibischen Meer, einem Nebenmeer des Atlantiks, herüberziehenden feuchtwarmen Winde, die sich hier an den Hügeln abkühlen, kondensieren und als dichte Nebelschwaden das Blätterdach der Wälder umgeben.

Birdwatching in Monteverde: Der Quetzal *(Pharomachrus mocinno)* ist ein typischer Bewohner des Nebelwalds.

Mittleres Bild: Aussichtspunkt im Monteverde-Nebelwald.
Unten: Nasenbär im Nationalpark Volcán Arenal.

Im Nordosten des Monteverde-Nebelwalds: Wissenschaftler warnen vor einer Gefährdung dieses einzigartigen Ökosystems, wenn der Wasserkreislauf durch die Entwaldung von Nachbargebieten und die Klimaerwärmung gestört wird.

ebenfalls im Nationalpark, wurde jedoch aufgestaut und bietet Windsurfern ein ideales Fahrgebiet. Die beiden Wasserkraftwerke am Arenal-See erzeugen 60 Prozent der Stromproduktion des ganzen Landes, die seit 2016 zu 99 Prozent aus erneuerbaren Energien gewonnen wird. Bis 2021 will man Kohlendioxidneutral werden.

Ein Kaiman hat keine Taschenlampe

Wie ein dunkler Vorhang ist die Nacht über La Fortuna gefallen: Dieses Städtchen verkörpert das touristische Herz um die beiden Vulkane Chato und Arenal, den gleichnamigen Fluss und See. Fünfzehn Minuten nach Sonnenuntergang, gegen 18.00 Uhr, ist es zappenduster. Costa Rica liegt nur rund tausend Kilometer nördlich des Äquators, da geht es schnell mit dem Wechsel vom Tag zur Nacht (um 18.00 Uhr) sowie von der Nacht zum Tag (um 6.00 Uhr).

Die Glühwürmchen blinken schon, und jeder Nachtwanderer hofft, einen dieser niedlichen kleinen glubschäugigen Frösche zu sehen. Grüne mit roten Augen oder rote mit blauen Füßen, orangefarbene oder gelbliche – egal: So ein Frosch muss her! – Und kaum hat man einen Bach erreicht, lassen sich die Kerle mit der Taschenlampe so blenden, dass sie mucksmäuschenstill als perfektes Fotomotiv ausharren. Ihre Regungslosigkeit ist ihr Schutz. Denn ein Kaiman hat ja schließlich keine Taschenlampe …

Ein Bad für Aphrodite

Jetzt blinzelt die schmale Mondsichel an wenigen Stellen durchs Dickicht. In der Ferne plätschert ein Wasserfall. Stimmen durchdringen das Dunkel. Pech gehabt: Das anvisierte Bad scheint schon besetzt zu sein. Tagsüber gehen nur wenige ins rund 40 Grad warme Wasser. Nachts aber lockt das pechschwarze Nass junge Urlauberpärchen an, die sich in der Dunkelheit von Grotte zu Grotte und Pool-Becken zu Pool-Becken aufmachen, als suchten sie den perfekten Badeplatz – einen, wie ihn vielleicht die Liebesgöttin Aphrodite und ihr Liebhaber Akàmas hatten. Insgesamt 16 Natur-Pools, gut gefüllt und permanent durchflutet mit (von vulkanischer Energie er-

Cowboyfeeling im Nationalpark Rincón de la Vieja, der eine natürliche Grenzlinie zwischen dem Pazifik und dem Karibischen Meer bildet.

Die in Costa Rica gezüchteten Pferde sind etwas kleiner und trittsicherer als ihre mitteleuropäischen Artgenossen. Sie gelten als recht genügsam und pflegeleicht.

Abenteuerfeeling im Nationalpark Rincón de la Vieja: Mit der …

… Zipline geht es in Windeseile durch das Baumkronendach einer üppig grün wuchernden Natur.

Costa Ricas tägliches Brot

Special

Reis mit Bohnen …

… und Bohnen mit Reis: Die Italiener haben ihre Pasta, die Deutschen ihre Kartoffeln, und die Ticos lieben Reis und Bohnen über alles. Für Trendbewusste ist das übrigens ein veganes Gericht …

Elida Morera ist 65 Jahre alt und kocht noch immer über offenem Feuer mit dem Holz alter Kaffeesträucher. Sie bindet ihre Schürze und sagt: „Morgens gibt's bei uns Gallo Pinto. Mittags Reis und Bohnen. Und abends Bohnen und Reis". Wobei Gallo Pinto nichts anderes ist als Reis mit schwarzen Bohnen vermischt. In der Frühe gibt's noch Maistortillas, Sauerrahm und Spiegeleier obendrauf. Zum Lunch und Dinner werden, je nach Gusto, Fisch, Huhn oder Fleisch sowie immer gebratene Kochbananen dazu gereicht. Das Ganze heißt dann Casado. Es ist das Nationalgericht. „Die Haut der Plátanos muss schon vor dem Braten fast schwarz sein", sagt Elida. „Dann sind die Kochbananen am besten". Im Gegensatz zum mexikanischen Reis mit Bohnen und Chili ist die Tico-Variante kaum gewürzt, mild und sehr verträglich.

Ganz schön lecker: Costa Ricas Nationalgericht Casado.

Elida kann man besuchen, in der Nähe von Naranjo (www.chayotelodge.com), ihr bei der Zubereitung helfen oder einfach nur zuschauen und vor allem ihre Hausmannskost genießen. Dann gibt's zum Casado auch noch Suppe und Nachtisch.

wärmtem) Thermalwasser können im Balneario Tabacón ausprobiert werden – und die Wasserfälle zum Abkühlen. Die Einheimischen aber sparen sich das satte Eintrittsgeld und baden lieber flussabwärts kostenfrei.

> „Sechzig Prozent der Ticos essen dreimal täglich Reis und Bohnen."
>
> Elida Morera, Hausfrau und Köchin aus der Region Naranja

Farbenspiele am Rio Celeste

Wenn Aphrodite eine Tica gewesen wäre, dann hätte sie sich aber vielleicht den Natur-Pool am Wasserfall des Rio Celeste ausgesucht. Was für eine Farbe! Man kennt dieses leicht milchige Türkis-Hellblau vom Schwimmbad, von den Malediven oder der Farbpalette eines Malers. Aber im Dschungel ist Wasser meist weniger einladend bräunlich, bestenfalls leicht grünlich. Nur der Rio Celeste zu Füßen der vier Krater des inaktiven Vulkans Tenorio macht da eine Ausnahme: Die sehenswerte Celeste-Färbung kommt aufgrund von Mineralien, entstanden durch chemische Reaktionen des Vulkans, zustande. Den wunderbaren Anblick muss man sich zwar in zwei, drei Stunden müh-

Glücksmomente der ganz besonderen Art bietet Pferdeliebhabern ein Reiturlaub in Costa Rica, wo sie an Stränden galoppieren oder wie hier im Vulkangebiet des Rincón de la Vieja ausreiten können.

Ohne Frage hätte Monteverde einen tollen Drehort für den Herrn der Ringe abgegeben. Doch auch ohne Film ist in diesem Park vieles filmreif.

sam erwandern (der weitere Aufstieg zu den Tenorio-Kratern ist nicht erlaubt, da keine Wege angelegt wurden, auch weil der Vulkan als noch nicht erloschen gilt), aber alles in allem lohnt sich der Marsch. Besonders, wenn man seine Badesachen eingepackt hat ...

Märchenwald für Hobbits und Elfen

Costa Rica entspricht in der Größe in etwa Niedersachsen, hat aber auf dieser relativ kleinen Fläche 29 Nationalparks ausgewiesen, dazu zahlreiche Wildschutzgebiete und private Naturreservate. Über ein Viertel der Landesfläche steht somit unter Naturschutz. Dazu gehören neben dem Arenal und dem Tenorio-Nationalpark auch die Weltnaturerbestätten im hohen Norden: die Nationalparks Rincón de la Vieja, wo es noch sprudelt und dampft und man auch in den heißen Quellen des Vulkans baden kann, sowie Guanacaste. Dort sind die Vulkankegel Orosi und Cacao beheimatet. Die Anreise jedoch ist schwierig und Tourismus gar nicht mal so sehr erwünscht, weil in den fünf ansässigen Wissenschaftsstationen intensiv geforscht wird.

Nebel. Natürlich Nebel. Der Name Nebelwald kommt ja nicht von ungefähr ...

Monteverde, zu Deutsch „der grüne Berg", ist mit seinem märchenhaften Nebelwald in 1500 Metern Höhe zwar auch ein Regenwald, seine hundert Prozent Luftfeuchtigkeit bezieht er aber nicht nur vom Regen, sondern hauptsächlich vom permanenten Nebel in dieser Gegend. Da glaubt man schnell, dass der böse Sauron auch in diesem Wald sein Unwesen treiben könnte und all die Hobbits, Elfen, Zwerge und Menschen, so gut es geht, dagegen halten. Ohne Frage hätte Monteverde, in den 1950er-Jahren von gottesfrommen Quäkern als Naturschutzgebiet deklariert und, bis heute in privaten Händen, einen tollen Drehort für den Herrn der Ringe abgegeben. Doch auch ohne Film ist in diesem Park vieles filmreif: die Hängebrückenwanderung etwa oder wenn man beim Ziplining wie Tarzan und Jane durch den Regenwald rauscht. Oben, im Dachgeschoss des Regenwalds, wo die Ziplines verankert sind, spielt sich knapp zwei Drittel des Dschungellebens ab. Auch wenn man davon, der Geschwindigkeit geschuldet, kaum etwas sieht, macht so eine Fahrt als Stahlseil-Tarzan schon gehörig Eindruck. „Canopy Tours" nennt man so eine Ziplinereise durchs Baumkronendach (engl. Canopy), und hier in Costa Rica, in diesem Park, nahm das adrenalinausstoßfördernde Abenteuer dereinst seinen Anfang. Wo sonst sollte man sich also darauf einlassen, wenn nicht in diesem herrlichen Nebelwald?

Auf Schusters Rappen durch den Nationalpark Rincón de la Vieja. Um den Feuerberg, nach dem der Park benannt ist, rankt sich die Legende von Curabande und Mixcoac – zwei Häuptlingskinder verfeindeter Stämme, die sich ineinander verliebten: Romeo und Julia à la Costa Rica, mit ähnlich tragischem Ausgang.

Waterslide: Auch das ist eine (rasante) Möglichkeit, die Natur des Nationalparks Rincón de la Vieja zu erkunden.

Heißes Schlammbad unter freiem Himmel: in den mineralreichen Rio Negro Hot Springs unweit des Nationalparks Rincón de la Vieja.

VULKANISMUS IN COSTA RICA

Wenn die Erde zittert

Costa Ricas mächtige Vulkane ermöglichen einen Einblick in die Erdgeschichte, die hier, nach geologischem Verständnis, noch relativ jung ist: „Erst" vor 140 bis 65 Millionen Jahren schob sich die Cocos-Platte unter die Karibische Platte am Mittelamerikanischen Graben, und es entstand eine Kette von Vulkaninseln, die sich mit dem Anheben des Meeresbodens nach und nach verband.

Jahrhundertlang „schlief" der Arenal – erst in den letzten Jahrzehnten nahm seine Aktivität deutlich zu.

Stahlblauer Himmel und kein Wölkchen weit und breit: Die Passagiere des Condor-Flugs DE 2188 beim Anflug auf San Josés Airport Juan Santamaría haben Glück. Sie sehen gleich vier Vulkane auf einmal. Und zwar vier, die sich häufig sehr gerne in Nebel oder Wolken hüllen, als seien sie gar nicht da. Am mächtigsten zeigt sich östlich der Hauptstadt der Irazú, mit 3432 Metern ein riesiger Brocken und trotz gut 50 Kilometer Entfernung zum Flughafen bestens zu sehen. Er gehört zur Cordillera Central, auf der sich zusammen mit der Cordillera de Tilarán und Guanacaste im Norden sowie der Cordillera de Talamanca im Süden Costa Ricas Vulkane wie auf einer Schnur aufreihen, meist mit Sichtweite zum jeweiligen Nachbarn. Das imaginäre Band reicht vom Nordosten an der Grenze zu Nicaragua bis in den Südwesten an die Grenze zu Panama.

Nach und nach bauten die sich allmählich miteinander verbindenden Vulkaninseln das heutige Costa Rica auf: als Teil der Landbrücke zwischen Nord- und Südamerika, die sich erst am Beginn des Quartärs, dem etwa vor 2,6 Millionen Jahren beginnenden, bis heute andauernden jüngsten Erdzeitalter, völlig schloss. Auch die unterirdischen Bewegungen in Costa Rica dauern bis heute an – leichte Erdbeben sind hier deshalb an der Tagesordnung.

Fruchtbar und verheerend zugleich

Auf diesem jungen Land entwickelte sich ein extrem fruchtbarer Boden, auf dem sich Tier- und Pflanzenarten aus Nord- und Südamerika heimisch fühlen, und zwar auf zehn Vegetationsstufen zwischen null und beinahe 4000 Metern. Besonders um die Vulkane herum siedelte sich jene so enorm artenreiche tropische Natur an, für die Costa Rica weltweit bewundert wird.

Aber Vulkane spenden nicht nur Leben oder Energie (wie der 2028 Meter hohe Miravalles im Norden, aus dessen Erdwärme ein Kraftwerk Strom erzeugt), Vulkane vernichten auch – siehe den Vesuv und Pompeji. Auch die costa-ricanischen Vulkane hatten verheerende Ausbrüche: So starben am 29. Juli 1968 beim Ausbruch des Arenal 87 Menschen. Ehe er mit seinem apokalyptischen Erwachen so viele Menschen in den Tod riss, hatte er etwa 400 Jahre lang geschlafen, danach dauerte die Eruptionstätigkeit 42 Jahre lang an. Erst im Oktober 2010 stoppten die Lavaströme, doch bis heute steigen Rauchfahnen auf, mischt sich in die Ehrfurcht vor dem Berg immer auch ein wenig Furcht.

Formschön, aber nicht ungefährlich: Der Arenal ist der jüngste Vulkan Costa Ricas und einer der aktivsten Vulkanberge der Welt.

Auch der Irazú – der Name des Inselhöchsten bedeutet „grollender Berg" – gehört zu den gefährlichsten Vulkanen Costa Ricas.

Rechte Seite: Beim Erkunden der Landschaft rund um den Vulkan Arenal ist stets Vorsicht geboten.

Ein Star unter den Sternen

Der Reisende interessiert sich bei seinem Costa-Rica-Besuch vor allem für die schönsten und gut erreichbaren Exemplare der hiesigen Vulkane. Der höchste wurde schon erwähnt – das ist der 3423 Meter hohe Irazú mit seinen vier Kratern und einem ganz bequem zu erreichenden Kratersee: Vom Parkplatz zum Kraterrand sind es nur 300 Meter. An sehr seltenen und besonders klaren Tagen sieht man vom Krater sowohl die Karibik als auch den Pazifik.

Der Turrialba – in Sichtweite des Irazú – ist mit 3340 Metern Höhe der zweithöchste Vulkan des Landes. Er spuckte bei Redaktionsschluss dieser Ausgabe immer noch fleißig Asche und war gesperrt, ebenso wie der 2708 Meter hohe Poás, nordwestlich von San José, dessen Kraterrand man ebenfalls bis auf 700 Meter mit dem Auto anfahren konnte. Man wird sehen, wie sich der Hauptkrater – mit seinen 1,3 Kilometern Durchmesser bis dato einer der größten weltweit – und die beiden übrigen Kraterseen entwickelt haben, wenn sich der Poás beruhigt hat und die Sperrung aufgehoben wurde.

Der Star unter den costa-ricanischen Vulkanen ist der geradezu idealtypisch geformte Kegel des Arenal. Er ist zwar nur 1643 Meter hoch, doch jeder will hin, weil er der Schönste und die touristische Infrastruktur hier am besten ist. Außerdem hat man gleich nebenan noch den Chato mit 1140 Metern. Dessen Kratersee hat stattliche 500 Meter Durchmesser – eine Folge des letzten Ausbruchs vor rund 3500 Jahren.

Noch weiter nördlich liegt der 1805 Meter hohe Rincón de la Vieja, der mit dem umliegenden gleichnamigen Nationalpark und dem Nationalpark Guanacaste als ein Weltnaturerbe der UNESCO gelistet ist. Seine Schlamm-Pools und heißen Quellen sind Touristenmagneten. Ebenfalls sehr ansehnlich ist mit seinen beiden Lagunen der nicht mehr aktive, 2906 Meter hohe Barva im Braulio-Carrillo-Nationalpark. Allerdings ist er nur mit Allradwagen und einem Drei-Kilometer-Fußmarsch durch wunderbare Nebelwald-Flora erreichbar – eine verborgene Schönheit.

Zum Schluss sei noch eine beruhigende Erkenntnis der Wissenschaftler zitiert: „Wenn die Erde ein wenig zittert und der Berg ein bisschen grollt oder sogar kleinere Eruptionen hat, dann sind wir zufrieden: Denn wenn der aktive Vulkan stetig Dampf ablässt, explodiert er nicht."

Infos & Webcams

www.meteosurfcanarias.com
www.ovsicori.una.ac.cr (hier findet man auch Webcams der beiden derzeit sehr aktiven Vulkane Turrialba und Poás)

NICARAGUA
Lago de Nicaragua
Maßstab 1:700.000
0
10km
Río San Juan
Archipiélago de Solentiname
I. Mancarroncita
I. Mancarrón
I. San Fernando
I. La Venada
I. El Zapote
Punta Pizote
Punta Guacalito
Llanura de los
Llanura de San Ca
Alajuela
Guanacaste
Cordillera de Guanacaste
Cordillera de Tilarán
Golfo de Papagayo
Golfo de Nicoya
Península de Nicoya
Península Santa Elena
Parque Nacional Santa Rosa
Parque Nacional Guanacaste
Parque Nacional Rincón de la Vieja
Zona Protectora Miravalles
Parque Nacional Volcán Tenorio
Reserva Indígena Guatuso
Refugio Nacional de Vida Silvestre Caño Negro
Laguna Caño Negro
Jardín Botánico Arenal
Venado Caverns
Tabacon Hot Springs
Parque Nacional Volcán Arenal
Laguna de Arenal
Zona Protectora Arenal-Monteverde
Reserva Biológica Monteverde
Zona Protectora de San Ramón
Parque Nacional Palo Verde
Valle de Tempisque
Reserva Biológica Lomas Barbudal
Reserva Forestal Taboga
Parque Nacional Barra Honda
Parque Nacional Diriá
Reserva Indígena Matambú
Refugio Nacional de Fauna Silvestre Peñas Blancas
Parque Nacional Juan Castro Blanco
Parque Nacional Volcán Poás
Reserva Forestal Grecia
Battle of Santa Rosa 1856 March 20th
Volcán Orosi 1487
Cerro Cacao 1659
Volcán Rincón de la Vieja 1806
Volcán Santa María 1916
Volcán Miravalles 2028
Cerro La Gigante
Volcán Tenorio 1916
Cerro Jilguero 1050
Volcán Arenal 1657
Volcán Chato 1140
Cerro Poco Sol 1327
Volcán Platanar 2183
Volcán Porvenir 2267
Volcán Poás 2708
Liberia
Las Cañas
Ciudad Quesada (San Carlos)
Nicoya
Puntarenas
Barranca
Alajuela
San José d.A.
Upala
Los Chiles
La Cruz
Peñas Blancas
Santa Cruz
Filadelfia
Tilarán
Isla Chira
Isla Pájaros
Isla Caballo
Isla Bolaños
Playa Cuajiniquil
Playa Naranjo
Playa Panamá
Playa Hermosa
Playa Del Coco
Playa Ostional
Las Pilas
El Hacha
Las Huacas
Nacascolo
Ciudad Cutris
Río Frío
Río Celeste
Río Tempisque
Río Pocosol
Río San Carlos
Panamericana

Im Regen- und Nebelwald

Die Nationalparks im Norden des Landes gehören zu den Highlights jeder Costa-Rica-Reise, allen voran der mit dem Vulkan Arenal und bester touristischer Infrastruktur um ihn herum. Das Weltnaturerbe Rincón de la Vieja und Guanacaste zeigt seine Schönheit dagegen abgelegen und weitgehend unberührt.

1 Monteverde-Nebelwald

Auf dem Weg von San José in den Norden lohnt ein Abstecher in das biologische Reservat Monteverde.

SEHENSWERT

Das Schutzgebiet **Reserva Monteverde** (tgl. 7.00–16.00 Uhr) zieht wegen seines seltenen Nebelwalds (Bosque Nuboso) die Gäste an. Der Pflanzenreichtum in dieser Gegend umfasst mehr als 2500 Arten, darunter allein 420 verschiedene Orchideenarten. Hinzu kommen mehr als 100 Säugetierarten, darunter Affen, Tapire und Waschbären, und 400 Vogelarten, inklusive dem scheuen Quetzal. Der ganzjährige Nebel entsteht durch feuchtwarme Winde von der Karibik, die im Gebirge abkühlen und kondensieren. Im Wald herrscht 100 Prozent Luftfeuchtigkeit. Fast jeder Baum ist mit Moos bewachsen.

AKTIVITÄTEN

Zahlreiche **Wanderwege** durchkreuzen das Reservat. Es gibt spezielle **Vogelbeobachtungs**- oder **Frosch**- und **Schmetterlingstouren** sowie **Nachtwanderungen** (Reservierungen unter guide@monteverdeinfo.com). Wer es sportlicher wünscht, nimmt Kletterangebote wahr oder düst per Zipline von Baum zu Baum (www.canopytour.com).

EINKAUFEN

Das von der Quäkerkooperative geführte Souvenirgeschäft **Casem Coop Artisans** bietet Handgearbeitetes aus Holz und Textilen; es liegt rund 200 m vom Nationalparkeingang Santa Elena entfernt.

RESTAURANT

Am Reservatseingang gibt es eine Cafeteria und ein Restaurant. Ansonsten isst man am besten in seiner Lodge. Es geht morgens immer früh raus!

HOTEL

Die €€ **Cloudforest Lodge** mit 20 rustikalen Holzhäusern und Restaurant ist eine gute Wahl (1 km außerhalb von Santa Elena, Tel. 26 45 50 58, http://cloudforestlodge.com).

INFORMATION

Monteverde Biological Reserve, Tel. 24 79 88 11, www.monteverdeinfo.com

Erhebt sich in die Lüfte: ein Montezumastirnvogel im Nationalpark Arenal.

2 Nationalpark Arenal

La Fortuna ist der Ausgangspunkt und das touristische Zentrum für den Parque Nacional Volcán Arenal und hat sich zu einem kleinen Städtchen mit rund 10 000 Einwohnern gemausert. Der Nationalpark liegt etwa 15 km westlich.

SEHENSWERT

Der **Nationalpark Arenal** TOPZIEL (tgl. 8.00 bis 15.30 Uhr) gehört zu den beliebtesten im Land. Der Arenal selbst ist 1643 m hoch und mit seinem idealtypischen Kegel der schönste Vulkan im Land. Der gleichnamige See liegt ihm majestätisch zu Füßen, auch im Bilderbuch-Kartersee des Arenal-Bruders Chato (1140 m) sowie unterm nahen Wasserfall kann man baden gehen. Während der Arenal erst vor einigen Jahren verheerende Eruptionen hatte, schläft der kleinere Chato seit 3500 Jahren.

AKTIVITÄTEN

Es gibt kaum einen Platz in Costa Rica, an dem das Angebot so breit gefächert ist wie hier: Wandern, Biken, Canyoning, Raften, Kajakfahren, Windsurfen, Canopy und vieles andere mehr. Besonders schön sind **Mountainbike**- oder **Reittouren** rund um den Arenal-See (www.skyadventures.travel). Am schönsten ist ein nächtliches Bad in den verschiedenen **Thermalbädern** im von vulkanischer Energie auf bis zu 42 Grad erwärmten Wasser, etwa dem Balneario Tabacón (bis 22.00 Uhr, www.tabacon.com). Kostenlos kann man am Fuß des Thermalbads an der Brücke an der hauptsächlich von Einheimischen frequentierten Badestelle El Chollín ins gleiche und damit auch gleich warme Wasser steigen.

EINKAUFEN

Handgemachte und handbemalte Mitbringsel aus Holz, Kokosnuss und Stoffen gibt's bei **Leo** an der Avenida Central neben dem Supermercado Cristian.

RESTAURANT

Wer nicht in seinem Resort essen möchte, dem sei €€ **La Cascada** mitten in La Fortuna empfohlen, ein rustikales Restaurant mit Strohdach und typischen Gerichten wie Reis und Huhn oder Arroz con Camarone (Reis mit Garnelen) sowie Casado (Tel. 24 79 19 40).

HOTELS

Das €€€€ **Nayara Springs** in La Fortuna ist das beste Resort im Land (siehe „Unsere Favoriten", S. 114). Es gehört zu den Small Luxery Hotels of the World. Die einfachere, günstigere, aber ebenfalls sehr schöne Variante ist die €€€ **Arenal Observatory Lodge**, 7 km vom Nationalpark entfernt. In der ehemaligen Vulkanforschungsstation wurden 48 Zimmer unterschiedlicher Kategorien eingerichtet, die fast alle eine Veranda mit Blick auf den nur 2,5 km entfernten Arenal haben (Tel. 22 90 70 11, www.arenalobservatorylodge.com).

INFORMATION

Im Megasuper(markt) im Zentrum gibt es einen kleinen Informationsschalter, ebenso am Nationalparkeingang, tgl. 8.00–15.30 Uhr, Tel. 22 00 57 14.

3 Nationalpark Tenorio

Der Parque Nacional Volcán Tenorio birgt eines der magischsten Naturphänomene Costa Ricas, den Rio Celeste mitsamt einem imposanten Wasserfall im sattgrünen Regenwald.

SEHENSWERT

Wie der Name **Rio Celeste** TOPZIEL bereits verrät, besticht der Fluss mit einem leuchtenden Hellblau-Türkis. Mineralien brechen das Licht, wodurch die beeindruckende Farbe entsteht. Ausgeschilderte Pfade führen durch den Sekundärregenwald zu Fluss und Wasserfall. Sekundärwald bedeutet, dass sich die Vegetation nach einer Zerstörung des Primärwaldes, etwa durch Brandrodung oder natürliche Katastrophen, wieder auf natürliche Weise, ohne Eingriffe des Menschen, ausbildet. Im Tenorio-Nationalpark (tgl. 8.00–14.00 Uhr) ist er merklich lichter als etwa rund um den Arenal. Im Park gibt es mehrere Vulkane, von denen der 1916 m hohe Tenorio und der 1508 m hohe Montezuma mehrere Krater haben. Das Besteigen ist nicht erlaubt. Wege wurden nicht angelegt, die Tierwelt hat sich in für Besucher unzugängliche Bereiche des Parks zurückgezogen.

AKTIVITÄTEN

Wer den Rio Celeste sehen will, muss **wandern**: Unbedingt Schwimmsachen mitnehmen, um im Fluss und unterhalb des Wasserfalls ein einmaliges **Badeerlebnis** genießen zu können.

Tipp

Stadt der Feste

Bei all den vielen Nationalparks, Schutzgebieten und Reservaten vergisst man in Costa Rica zuweilen, dass es auch das eine oder andere sehenswerte Städtchen gibt wie 6 **Liberia**, die wichtigste Ansiedlung im Nordwesten des Landes. Zu finden sind noch einige einfache, aus Viehmist und Sand gebaute Häuser, aber auch stolze Kolonialstilgebäude mit repräsentativen Holzpforten. Und

es ist eine Stadt der Feste: im März zu den zehn Tage dauernden Fiestas Civicas mit Stierrodeos, am 25. Juli zum Dia de Guanacaste mit Pferdeparaden und in der letzten September-Woche zur Semana Cultural mit viel Musik, Tanz und reichlich Speis und Trank.

Ein costa-ricanischer Cowboy (Sabanero) unterwegs im Nationalpark Rincón de la Vieja.

RESTAURANT

Für den Hunger nach der Wanderung gibt es direkt am Nationalparkeingang zwei **Sodas** mit guter und günstiger landestypischer Küche. Abends isst man besser im Resort.

HOTEL

Direkt am Nationalpark liegt mitten im Dschungel und oberhalb des gleichnamigen Flusses das **€€€€ Rio Celeste Hideaway**, in dem man einen der 26 geräumigen und komfortablen Bungalows mit Veranda bewohnt. Schöner Gemeinschafts-Pool und vier Jacuzzis (siehe „Unsere Favoriten“, S. 114).

UMGEBUNG

Praktisch als Nachbar des Cerro Montezuma liegt 10 km nordwestl. der 2028 m hohe **Miravalles**, ein weiterer Vulkan, der mit Guides bis zum Kraterrand bestiegen werden kann. Besucher können dort auch Schlammbäder nehmen. Für das Land ist der Vulkan als Energiespender von großer Bedeutung: Ein Geothermie-Kraftwerk wandelt die Erdwärme in Elektrizität um.

INFORMATION

Nur am Nationalparkeingang, tgl. 8.00 bis 14.00 Uhr, Tel. 22 06 53 68

4 Nationalpark Rincón de la Vieja

Der Parque Nacional Rincón de la Vieja gehört als Teil der Area de Conservación Guanacaste mit dem Nationalpark Guanacaste zum Weltnaturerbe der UNESCO.

SEHENSWERT

Vulkanismus aus nächster Nähe gibt es selten, am **Rincón de la Vieja** TOPZIEL, 1805 m hoch und immer noch aktiv, ist es die Regel. Fumarolen steigen aus dem Dschungel auf, in Wasser- und Schlammlöchern blubbert es heftig – zuweilen über dem Siedepunkt! Wissenschaftler entdeckten darin sogar eine Einzellerart, die bei bis zu 105 Grad überleben kann! Am Kraterrand zeigen sich gern auch die mächtigen Tapire. Der Weg dahin ist jedoch sehr anstrengend und dauert mindestens 7 Stunden. Immer wieder wird der Vulkan auch zwischenzeitlich gesperrt, da vermehrte Aktivitäten für Gefahr sorgen.
Der **Nationalpark Rincón de la Vieja** (tgl. 8.00–16.00 Uhr) ist auch ein ideales Wanderrevier mit einer interessanten, breitgefächerten Flora und Fauna. Zu ihm gehört der noch etwas höhere, erloschene Vulkan Santa Maria (1915 m), der allerdings nicht bestiegen werden kann. Thermalquellen mit Bademöglichkeiten sind jedoch vorhanden.

AKTIVITÄTEN

Die **Naturpools** und **Schlammbäder** unter freiem Himmel erfreuen sich besonderer Beliebtheit, sind aber anders als in La Fortuna nur tagsüber bis etwa 17.00 Uhr geöffnet (www.guachipelin.com/en/hot-springs.html).

RESTAURANTS

Für den Hunger nach dem Nationalparkbesuch gibt es am Eingang zwei **Sodas** mit landestypischer Küche. Abends isst man besser in seinem Resort.

HOTEL

Sechs Blockhauszimmer mit Veranda oder sechs hübsch ausgestattete Zimmer in ehemaligen Schiffscontainern stehen in der **€€ Casa Rural Aroma de Campo** zur Wahl. Koki, der Papagei, übernimmt den Wake up Call. An der langen Social Table, der Gemeinschaftstafel, trifft man sich zu Frühstück und Dinner, im Naturbecken kann man sich herrlich abkühlen, und nachts halten Moskitonetze lästige Insekten fern (Curubandé, Tel. 70 10 57 76, www.aromadecampo.com).

INFORMATION

Nur am Nationalparkeingang, tgl. 8.00–16.00 Uhr, kein Telefon

Ein Bad im Rio Celeste unterhalb des Wasserfalls ist ein einmaliges Erlebns.

Tipp

Blick gen Norden

Ein **Tagesausflug nach Nicaragua**, dem nördlichen Nachbarn Costa Ricas? Ja, das geht! Der Mietwagen muss allerdings im Land bleiben; so wollen es die Vorschriften der Anbieter. Der beste Grenzübergang ist Peñas Blancas. Am besten geht man zu Fuß über die Grenze nach Nicaragua, um ein wenig Nachbarluft zu schnuppern. Schon auf den ersten Blick wird man feststellen, dass alles deutlich ärmer und auch viel chaotischer ist als in Costa Rica. Bei der Rückkehr kontrollieren die Ticos sehr streng wegen der vielen illegalen Zuwanderer. Touristen haben aber in der Regel keine Probleme.

5 Nationalpark Guanacaste

Wie der Nationalpark Rincón de la Vieja gehört der Parque Nacional Guanacaste, der nördlichste Nationalpark des Landes, zum Weltnaturerbe der UNESCO.

SEHENSWERT
Landschaftlich geprägt durch die beiden Vulkane **Cacao** (1659 m), der bestiegen werden kann, sowie weiter nördl. **Orosi** (1487 m), wurde der Park in drei Sektoren geteilt, in denen jeweils eine Forschungsstation untergebracht ist. Der Park selbst ist zwar zugänglich, aber ohne touristische Infrastruktur.

RESTAURANT
Wer auch Jobo, die nördlichste Halbinsel Costa Ricas, abfahren möchte, kann einen schönen Stopp am Strandrestaurant **€€ Lapa Lapa** machen. Es gibt frischen Fisch und einen herrlichen Blick auf den Pazifik (Playa El Jobo, Tel. 26 90 24 00).

HOTEL
Da es im Nationalpark nur Notunterkünfte in den Forschungsstationen gibt, bietet sich am westl. Parkrand, schon am Pazifik, an der Playa Papaturro gelegen, das **€ Blue Dream Hotel** an. 14 einfache Zimmer mit Meerblick, die meist von Kitern gebucht werden (auch Vollpension; Tel. 88 26 52 21, http://bluedreamhotel.com).

UMGEBUNG
Der **Nationalpark Santa Rosa** schließt in westl. Richtung an den Guanacaste-Park an und umfasst die gesamte Santa-Rosa-Halbinsel am Pazifik. Mangroven und tropischer Trockenwald bestimmen die Landschaft, Affen und Waschbären bevölkern sie.

INFORMATION
www.acguanacaste.ac.cr

Genießen Erleben Erfahren

DuMont Aktiv

Farne, die ums Eck wachsen

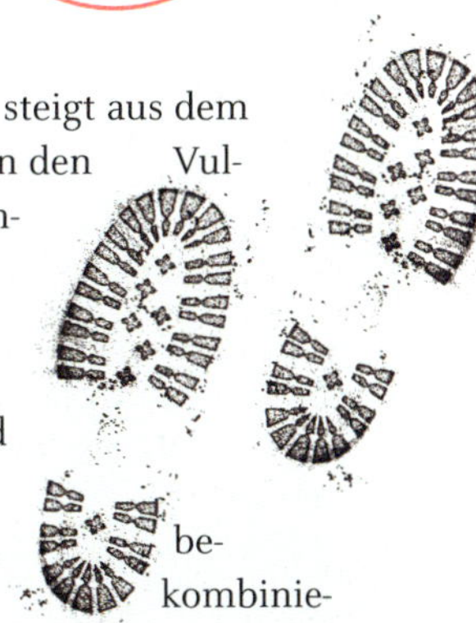

Prima! Es herrscht bestes Wanderwetter! Rauch steigt aus dem Krater des Arenal auf. Ein gutes Zeichen: Denn wenn man den Vulkan qualmen sieht, ist schönes Wetter und klare Sicht. Ansonsten hüllt sich der Bursche ja sehr gerne in tief hängende Regenwolken ein.

Wanderungen im Nationalpark Arenal sind eine einfache Sache. Es gibt sieben sehr gut ausgeschilderte und präparierte Wege, die sich ohne Führer bequem in zwei Stunden gehen sowie auch miteinander kombinieren lassen. Man sieht Farne, die ums Eck wachsen, und andere, die sich kringeln wie ein Seepferdchen. Man hat tolle Ausblicke auf den Arenal und den gleichnamigen See, aber Tieren wird man eher selten begegnen: Sie halten sich von den stärker frequentierten Wegen und den Menschen gerne fern. Trotzdem: Das Naturerlebnis ist gewaltig!

Wer aber auch einige Tiere und noch dazu die erkalteten Lavaströme sehen möchte, die sich am Vulkanberg ihren Weg gesucht haben, der kommt um einen Guide und längere Gehzeiten nicht umhin. Häufig gilt ja, dass das Auge, das an den Großstadtdschungel gewöhnt ist, im echten Dschungel vieles einfach nicht sieht. Alle Arten sind da und trotzdem für das ungeübte Auge beinahe unsichtbar. Ein dschungelerfahrener Führer kann einem da im Wortsinn die Augen öffnen.

Weitere Informationen

Ob mit oder ohne Guide: Gutes Schuhwerk und ein Rucksack, bestückt mit Regenschutz, genügend Trinkwasser, Fernglas und Foto sowie ein Wechsel-T-Shirt, sind Pflicht.

Anspruchsvolle Wanderer nehmen es sogar noch mit einem zweiten Vulkan auf und verbinden den Arenal mit seinem kleinen Vulkanbruder Chato, in dessen Kratersee man zur Belohnung sogar baden kann. Dieser Hike lässt sich allerdings nicht unter zehn Stunden machen.

Preise: ab 25 und 60 US-Dollar für die 2-Vulkan-Tour; Tel. 24 79 00 12, www.arenaljungletourscr.com

Im wilden Westen

Überraschung! Es gibt nicht nur die Farbe Grün in Costa Rica. Auf Nicoya, der größten Halbinsel des Landes, finden Besucher auch trockene, beige-braune Savanne sowie das Meeresblau an langen Stränden. Und wer das Glück hat, einer Schildkrötenmama bei der Eiablage zuschauen zu können, wird diese Momente nie mehr vergessen.

An der Playa Pelada kann man bei Ebbe weiter bis zur dunklen Playa Nosara laufen.

Ein Ort für romantische Abendspaziergänge: die Playa Hermosa in der Papagayo Bay.

Wenn du zwei Häuser besitzt, regnet es in einem von ihnen.

Tico-Sprichwort

Jetzt bräuchte man ein paar Elefantenohren. Nicht, um besser zu hören, sondern um sich gegen die erbarmungslos herunter brennende Sonne schützen zu können. Elefantenohren – so heißen die Riesenblätter der *Gunnera Tinctoria*. Sie werden häufig auch als Sonnenschirm der Armen bezeichnet. Die Blätter wachsen in einer Saison bis zu zwei Meter hoch und bieten als Fläche locker so viel Platz wie unter einem Regenschirm. Im Regenwald findet man diese wuchtigen Elefantenohren zuhauf. Doch dort, wo man sie brauchen könnte, ist es ihnen einfach viel zu trocken.

Kaum nickt man mal ein paar Minuten ein im Minibus, wacht man gleich in einer anderen Welt auf. Mit dem satten Grün des Regenwalds ist seit ein paar Kilometern Schluss. Die Kordilleren teilen das Land als Wetterscheide in eine immerfeuchte Atlantikregion und eine wechselfeuchte, oftmals trockene Pazifikregion. Eingenickt im feuchten Grün, aufgewacht im trocken-staubigen Braun der Nicoya-Halbinsel: Zebu-Rinder weiden, Farmen sind zu sehen, und „Naked Indians" verwundern: So bezeichnet man die wie glatt poliert wirkenden Bäume, deren Rinde gekocht wird, um den Saft dann für jedes Zipperlein verwenden zu können.

Trockenzeit heißt auf der Halbinsel Nicoya tatsächlich Trockenzeit. Vier Monate kein Regen, das sei normal, sagt der Sabañero – so nennt man die Costa-Rica-Cowboys. „Die da drüben an der Karibik-Seite, die haben dafür 13 Monate Regen". Er lacht freundlich. Trotzdem sieht er auf seinem schwarzen Hengst recht martialisch aus. Der Sabañero trägt einen weitkrempigen Hut und Nieten-Boots, statt einer Winchester wie im Western hält er eine riesige Motorsäge vor sich auf dem Sattel. Es müsse noch Holz gemacht werden, meint er: „¡Pura Vida!" Dann galoppiert er von dannen.

Ob im Regenwald oder im Land der Cowboys: Gastfreundschaft, Gelassenheit und gute Laune gehören zu Costa Rica wie dieser Ausdruck, der für das pure Leben steht: Wie kein anderer Begriff drückt er das positive Lebensgefühl der Ticos aus: Alles bestens. Gut so! Das Leben ist schön. Natürlich: das *pure* Leben. All das kann ¡Pura Vida! bedeuten. Und im Fall des freundlich-martialischen Sabañeros auch schlicht: „Auf Wiedersehen."

Schwerstarbeit für Damen

Es ist stockdunkel am braun-schwarzen Sandstrand von Ostional. Der Viertel-Mond wirft kaum Licht, weil der Himmel wolkenverhangen ist. Nur langsam gewöhnt sich das Auge an die pechschwarze Umgebung, in der Yomileth Díroiz auf Fährtensuche geht. Schnell

Coole Jungs: Sein schöner weißer Sandstrand machte Tamarindo einst zum Mekka für sonnenhungrige Wellenreiter aus der ganzen Welt. So wurde aus dem kleinen Fischerdorf eines der beliebtesten Strandziele Costa Ricas.

Surfers Paradise an der Playa Tamarindo: „Vor der Welle sind wir alle gleich", meint Laird Hamilton, einer der erfolgreichsten „Big Wave"-Surfer unserer Zeit.

Wo alle hinwollen, ist man eher selten allein. Das gilt auch für die Playa Tamarindo. Macht aber nichts, so lange man immer noch ein Plätzchen für sich findet – und für seinen Hund, versteht sich.

In schönstem Kolonialstil errichtet wurde das Azul Ocean Club Hotel an der gleichnamigen Playa.

Östlich von Santa Cruz wird in dem kleinen Dorf Guaitil bis heute die jahrtausendealte Chortega-Kultur gepflegt: Die meisten der hier lebenden Familien verdienen ihren Lebensunterhalt mit der Herstellung von Töpferwaren und greifen dabei in Form und Design sowie in der Art der Herstellung (in igluförmigen Lehmöfen aus Erde, Pferdemist und Ziegeln) auf das tradierte Wissen ihrer Vorfahren zurück.

Santa Cruz, eine typische Sabañero-Stadt ohne größere Attraktionen, ist für die meisten nur ein kurzer Stopp auf dem Weg zu Stränden wie der nahen Playa Tamarindo.

Im schlichten Franziskanerstil gestaltet wurde die im 16. Jh. in Nicoya errichtete Iglesia de San Blas, eine der ältesten Kirchen Costa Ricas.

In der Fábrica de Tortillas Coopetortillas in Santa Cruz können die wartenden Gäste dabei zusehen, wie ihre Speisen zubereitet werden.

Die Krebs-Invasion

Special

Knackige Frühlingsgefühle

Jedes Jahr das Gleiche: Der Strom der Wanderer will nicht abreißen. Im Frühjahr geht's auf den Straßen hinter der Playa Guiones zu wie bei uns in den Einkaufspassagen kurz vor Weihnachten: Dicht an dicht drängt man sich durchs Gewusel.

Bei den „Wanderern" der Playa Guiones handelt es sich um handflächengroße rote Krebse, die besonders im April, gegen Ende der Trockenzeit, zu Hunderttausenden auf der Suche nach Wasser und vor allem auch nach ihren Paarungs- und Eiablageplätzen sind. Zuerst kommen die Männchen angekrabbelt und graben die Paarungshöhlen, in denen es dann mit den nachkommenden Weibchen rund 20 Minuten zur Sache geht ...

Ansonsten wohnen sie den Rest des Jahres zurückgezogen in ihren selbst gegrabenen Wohnhöhlen. Auf ihrer Wanderschaft müssen die Tiere zwangsläufig auch Straßen überqueren, vielfach ein tödliches Unterfangen: Die Krebse flüchten bei Gefahr in der Regel nicht, sondern bewegen beide Zangen als Drohgebärde auseinander. Was den Autos maximal einen Platten einbringt – und das nur sehr selten. Entsprechend rot gefärbt sind die Straßen zu Zeiten der knackigen Frühlingsgefühle ... Bis heute ist nicht geklärt, wie sich die Tiere orientieren.

http://visitnosara.com/playa-guiones/

Blaue Landkrabbe *(Cardisoma guanhumi)*

sind die ersten Spuren gefunden. Kurz macht sie ihre Rotlichtlampe an, um sich zu vergewissern: „Ja", sagt sie, „die Spur ist frisch. Gleich werden wir eine Schildkrötenmama sehen."

Yomileth und die Schildkröte(n)

Die erste Schildkrötensuche erlebte Yomileth mit ihrer Mutter, da war sie acht Jahre alt. Jetzt ist sie 45 und hat vieles erlebt: „Manchmal haben wir 5000 Leute am Strand, da dreht dann auch die letzte Schildkröte um und bewegt sich wieder ins Meer. Wir hatten aber auch schon 500 000 Schildkröten. Das war die größte Arribada, die wir je hatten, im November 1995: Ich weiß es noch wie heute!"

„Arribada" heißt (Schildkröten-)Ankunft in großer Zahl. Letzte Woche, erzählt Yomileth, „waren es noch 6000. Jetzt sind lediglich Einzelgängerinnen zu sehen. Wie diese brave Mama".

Yomileth ist der Spur vom Strand gefolgt und die Schildkrötendame schon mitten in der Arbeit. Mit ihren Flossen buddelt sie am Rand der Dünen ein Loch in den Sand. „50 Zentimeter tief macht sie es. Das Graben ist Schwerstarbeit für sie!", erläutert Yomileth. Nach 20 Minuten hat die Schildkrötendame es geschafft und beginnt, unbeeindruckt vom Rotlicht, mit der Eiablage. Ein glitschiges Ei nach dem anderen plumpst sanft ins

Oben und mittlere Reihe, rechts: Vom Pool des Boutiquehotels Lagarta Lodge in Nosara hat man einen herrlichen Blick auf die Playa Pelada.

Zimmer mit Aussicht: Im Samara Tree House Inn speist man mit Blick auf die Playa Sámara.

Paddelnd an der Playa Sámara: Man kann ja nicht immer nur faul am Strand liegen …

Verleih von Surfbrettern an der Playa Sámara: Der von Palmen gesäumte Korallenstrand liegt an einer der ruhigsten Schwimmbuchten der Nicoya-Halbinsel.

Sandloch. Die Eier sind weiß und etwas kleiner als ein Tischtennisball. 20 Minuten dauert der Wurf, am Ende zählt Yomileth 48 Eier. „Eher wenig", meint sie, „manche legen bis zu hundert Eier". Jetzt schüttet die Schildkrötendame das Loch wieder zu und verwischt anschließend mit ihren Flossen sehr geschickt alle Spuren. Völlig erschöpft macht sie sich dann auf den Weg in Richtung Meer.

Schildkrötenei auf ex in der Bar

Da taucht wie aus dem Nichts jemand auf: „Ah, du bist es Yomileth. Dann ist ja alles gut", sagt die Stimme. Sie gehört zu Yeimy Cedeño, der Chefin vom Ostional National Wildlife Refuge. „Ich gehe oft selbst Patrouille, um sicherzustellen, dass in Ostional niemand ohne Guide auf Schildkrötensuche geht. Die Leute nehmen Taschenlampen, sind laut und verschrecken die Tiere. Manche klauen sogar die Eier!"

Es ist spät geworden. Yeimy lädt uns noch auf einen Shot ein. In der Bar „Las Brisas" im Dorf gibt es nämlich, man glaubt es kaum, Schildkröteneier, in Kräuter eingelegt und mit einer scharfen Tomatensauce in einem etwas größeren Schnapsglas gereicht. „Auf ex! Ohne auf das Ei zu beißen!", rät Yeimy, denn sie weiß: Die Schildkröteneier schmecken leicht faulig ... Schlabbrig gleitet das ganze Ei mit der scharfen Sauce die Kehle hinunter. Genuss ist etwas anderes. „Nur Leute vom Dorf dürfen Schildkröteneier entnehmen. Sie waren schon immer Bauern und Eiersammler. Außerdem müssen wir die Eiablage auch regeln", erklärt Yeimy. Die Rechnung ist einfach: Pro Saison werden an dem nicht einmal einen Kilometer langen Strand rund 30 Millionen Schildkröteneier gelegt. Maximal zehn Prozent dürfen entnommen werden, das ist staatlich geregelt. Ein Ei bringt hundert Colones, das sind etwa 15 Euro-Cent. Als Shot kostet das Ei bereits 250 bis 500 Colones und in San José gut und gerne 800 bis tausend Colones. Im Durchschnitt kommt allein mit den Eiern ein Jahresumsatz

Urlaubsfeeling pur an der Playa Garza: Traumhaft schöne Buchten wie diese machen die Halbinsel Nicoya zu *dem* costaricanischen Ferienziel schlechthin.

von knapp einer Million Euro für das Dorf mit seinen nicht einmal 500 Einwohnern zusammen – ohne die Guide-Honorare oder dem Umsatz aus Hotellerie und Restauration.

Die Erntezeit für jede Arribada ist strikt auf die ersten 36 Stunden begrenzt. „Das hat einen sehr wichtigen Grund", erklärt Yomileth. Aus ihrer Kindheit erinnert sie sich noch an unzumutbare Zustände am ersten und zweiten Tag jeder Arribada. „Lässt man der Natur freien Lauf, dann veranstalten die Schildkröten in den Dünen eine wahre Eierschlacht! Denn die ersten Gelege werden von den Nachfolgerinnen rücksichtslos ausgebuddelt. Dann ist der Strand bald überdeckt von einem glitschigen, stinkenden Eierbrei!" Darin „tummeln sich bald Fliegen, wuchern Bakterien und Pilze, die schließlich auch intakte Gelege infizieren", fügt ihre Chefin hinzu.

Alt werden in Nicoya

Bleibt noch die Frage, warum Schildkröteneier so begehrt sind, wenn sie doch gar nicht schmecken? Es schwant einem schon: Den Eiern wird seit Jahrhunderten eine aphrodisierende Wirkung nachgesagt ... Dazu passt ein Slogan der Sea Turtle Conservancy: „Meine Eier sind nicht die Lösung, das Problem sind deine. Schildkröteneier sind keine Aphrodisiaka", steht auf einem Werbeplakat geschrieben. Die Schildkröteneier haben auch damit nichts zu tun, dass die Halbinsel Nicoya als „Blaue Zone" gilt, in der die Menschen so alt werden wie nirgendwo sonst auf der Welt. Viele überschreiten das hundertste Lebensjahr, der Durchschnitt wird über 90. Neben Nicoya gibt es nur noch vier weitere Blaue Zonen weltweit: in Okinawa (Japan), Sardinien (Italien), Icaria (Griechenland) und Loma Linda in Kalifornien (USA).

Wenn zwei sich finden

Nach der beige-braunen Savanne, der schwarzen Nacht mit Rotlicht in Ostional und der Blauen Zone findet sich am Rand von Nicoya doch auch wieder etwas Grün: im Nationalpark Palo Verde. Wo sich unser Guide Alexander Piñar nur wenig für Kaimane und Leguane zu interessieren scheint. Lediglich auf den Zuruf „Fotostop, por favor!" hält der Guide seinen offenen Jeep an und schaut gelangweilt auf ein Dutzend Kaimane, die sich in der Abendsonne mit offenem Maul aufwärmen. Das Desinteresse hat einen Grund: Alexander ist ein Vogel-Freak: „Dreihundert Arten haben wir, und heute möchte ich euch unbedingt den seltenen Jabiru zeigen."

Es ist Nestzeit, die Storch-Eltern müssen allerlei fürs Nest heranschleppen, sind also unterwegs. „Schaut, das ist der Woodstock, mein Liebling!" Mit angewinkelten Armen ahmt Alexander den Balztanz nach und sagt: „Wenn zwei sich gefunden haben, bleiben sie ein Leben lang zusammen." Auch den Jesus-Wasserläufer sieht man, Vögel mit gelbem Bauch und andere mit roten Flügeln. Alexander kommt mit seinen Erklärungen kaum hinterher.

Der Nationalpark ist ein weltweit einzigartiges Feuchtgebiet, weil es am Rand durch Trockenwald und entlang des Río Tempisque sowie zum Golf von Nicoya durch Mangroven ergänzt wird: ideale Lebensbedingung für Löffler und Reiher, Flamingos – und Störche eben.

Die schlammige Flussbank nutzen Krokodile wie Kaimane als Rutsche ins Wasser. Dann lugen nur noch jeweils zwei Augen aus der dunklen Brühe. Die Leute sind begeistert, nur Alexander sucht mit Argusaugen nach einem Jabiru – und findet schließlich zwei! „Dort! Auf zwei Uhr, ein Pärchen!" Der Motor ist aus. Keiner spricht. Aber still ist es nicht. Was für ein Vogelkonzert! Und tatsächlich stehen in ungefähr 150 Meter Entfernung zwei der großen Störche, die so ein feines Gefieder haben: Auf den schwarzen Kopf folgt ein roter Schal und schließlich das weiße Beinkleid. Jetzt ist auch Alexander zufrieden. Sehr zufrieden sogar.

In Montezuma (links) starten Tagesausflüge (mittleres Bild) zur Isla Tortuga im Golf von Nicoya.

Das Ara Project in Punta Islita züchtet vom Aussterben bedrohte Papageienvogelarten nach und wildert sie aus. Dazu gehört auch ein ambitioniertes, von der Umweltstiftung Greenpeace unterstütztes Bildungsprogramm und die Mitarbeit von Volunteers. Vor allem kümmert man sich hier um den grün gefiederten Großen Soldaten- oder Bechsteinara *(Ara ambiguus)* und um den auch „Arakanga“ genannten Hellroten Ara *(Ara macao)*, mit bis zu 90 cm Körperlänge eine der größten Papageienarten der Welt.

Vor allem bei Tauchern und Schnorchlern sind die Tagesausflüge zur Isla Tortuga beliebt.

Wasserabenteuer in Costa Rica

Hier geht es ganz schön zur Sache

Surfen steht beim Wassersport ganz oben in Costa Rica. Aber auch Wind- und Kitesurfen sind beliebt, während Kanu- oder Kajakfahren nicht immer nur gemütlich sein muss. Da geht's wie beim Wildwasserrafting schon auch mal zur Sache. Canyoning und Tauchen runden unsere Wasserabenteuer ab. Wir zeigen Ihnen was geht – und wo es (am besten) geht.

4

1

1 Surfen

Wer in Costa Rica surfen sagt, meint Wellenreiten, stehend auf dem Brett. Und dafür eignen sich gefühlt die kompletten rund 1100 Kilometer Pazifikküste als Revier. Es kommt also einzig darauf an, was man (und frau) sucht. Anfänger freuen sich über ein paar neckische Schaumkrönchen als Wellen, die sich auch für das Stand up Paddling eignen, bei dem man auf dem Brett stehend mit einem Paddel manövriert. Echte Könner suchen als Herausforderung Drei-Meter-Brecher für ihre Moves. Ein guter Strand, an dem es das alles gibt, ist die Playa Guiones auf der Halbinsel Nicoya.

Playa Guiones, westlich von Nosara auf der Nicoya-Halbinsel, https://safarisurfschool.com

2 Windsurfen und Kiten

Es bläst wieder, und das Trapez ist dringend nötig, um den starken Wind halten zu können. Windsurfer lieben den Arenal-Stausee mit der tollen Kulisse des gleichnamigen Vulkans. Ein hohes Brettaufkommen wie auf den Gewässern in Europa gibt es nicht. Man darf sich fühlen wie ein Pionier, der aufs Brett geht, um allein seinem Segel und der Windkraft den See zu erobern. Der beste Surf-Spot liegt im Westteil des Sees, die besten Winde gibt's zwischen November und März, wenn sich auch Wellen bis zu einem Meter auftun. Bei solchen Voraussetzungen ziehen sogar Könner nur ein kleines Drei-Quadratmeter-Segel auf … Natürlich wissen auch Kitesurfer die Arenal-Winde für ihren Sport zu nutzen. Noch besser aber findet die Kitergemeinde die Bahía Salinas im äußersten Nordwesten des Landes – vor allem wegen des idealen, auflandigen Windes.

Lago Arenal, Nationalpark Arenal, http://costa-rica-windsurf.com, und Bahía Salinas, bei La Cruz an der Grenze zu Nicaragua, http://kitecostarica.net

3 Kanu- und Kajakfahren

Ruhig taucht das Paddel in das spiegelglatte Wasser ein, geht heraus, tropft ab und taucht auf der anderen Seite wieder geschmeidig ein. Kanu- oder Kajakfahren etwa in den Tortuguero-Kanälen oder im Caño Negro haben etwas sehr Harmonisches: Mensch und Materie im Einklang mit der Natur. Ja, das ist ein Sport mit meditativen Qualitäten, aber es geht auch sportlicher, wilder: etwa auf dem Rio Sarapiquí, der mit einem Gefälle um 20 Prozent aufwarten kann. Da sollte man dann doch schon einiges können – die Eskimorolle zum Beispiel; die beste und sicherste Weise, sich zu retten, wenn man gekentert ist. Erst im unteren Teil wird das Wasser ruhiger. Dann hat man auch wieder ein Auge für die Natur, so manchen Affen, die eine oder andere Schildkröte und auch mal einen Kaiman.

Nationalpark Tortuguero, Caño Negro bei Upala an der Grenze zu Nicaragua, und Rio Sarapiquí, nördlich von Puerto Viejo de Sarapiquí in Richtung Nicaragua, www.wasserfest.net/costa_rica

4 Wildwasserrafting

„Rafting ist sicherer als Busfahren", sagt Pedro, als wolle er ein paar ängstlichen Fragen seiner Gäste gleich mal vorbeugen. Das Paddel gibt dem Rafter ja wenigstens das Gefühl irgendetwas lenken und bewirken zu können. Aber wenn du die Macht der Strömung dieses Rio Pacuare spürst und wie ein Wilder arbeitest, ohne viel bewegen zu können, dann wäre so mancher doch lieber im vermeintlich gefährlicheren Bus unterwegs … Costa Ricas Wildwasser-Reviere gehören schließlich zu den besten, allen voran der Rio Pacuare und der Rio Reventazón. Wobei die Schwierigkeitsgrade mit der Dauer der Regenzeit steigen. Der Pacuare gilt übrigens nicht nur in sportlicher, sondern auch in landschaftlicher Hinsicht als einer der besten Wildwasserflüsse der Welt.

Rio Pacuare, 40 Kilometer südöstlich von Turrialba, www.riostropicales.com/costa-rica/pacuare-river-rafting-1-day; der Rio Reventazón liegt in der Nähe.

5 Canyoning

Beim Canyoning geht es vorwiegend ums Abseilen in einer Schlucht. Am spannendsten ist es, wenn die Schlucht ein Wasserfall ist. Meist wird noch ein Beiprogramm dazugestrickt: Baden im Wasserfallpool, Cliff Jumping, Canopy … Das Alterslimit beginnt meist bei sechs Jahren und kennt nach oben keine Grenzen, so lange der Willige auf seinen eigenen Beinen stehen und gehen kann. Gut möglich ist das zum Beispiel in der Umgebung des Arenal, etwas weniger voll ist es bei Jaco.

Nationalpark Arenal, www.skyadventures.travel, und Jaco am Pazifik, https://costaricawaterfalltours.com/tour/canyoning

6 Tauchen

Plötzlich wird es dunkel: Die vierköpfige Tauchgruppe wird von einem Schwarm rundlich-dunkler Fische umzingelt. Der Schwarm zieht an allen Seiten vorüber und lässt die Gruppe wie in einem Tunnel mitschwimmen. Es müssen Hunderte oder gar Tausende sein. Als es wieder hell wird, heißt es aufgepasst, denn diese Riesen-Zackenbarsche (Grouper) werden keine Angst vor Tauchern haben … Costa Ricas beste Tauchgründe sind die vor der Isla del Coco, die aber weit draußen im Pazifik liegt: rund 600 Kilometer vom Festland entfernt, wo man ganzen Schwärmen von Hammerhaien begegnen kann. Deutlich näher liegen die Islas Catalina im Nationalpark Santa Rosa im Nordwesten des Landes. Dort gibt es Haie, Muränen, Schildkröten, Barrakudas, Rochen und zahlreiche tropische Fische zu beobachten. Mit etwas Glück sind sogar Walhaie und Buckelwale zu sehen. Zwischen Dezember und Mai ist die beste Zeit für Tauchgänge.

Isla del Coco, 600 Kilometer vor der Pazifikküste, www.wirodive.de/cocos-tauch-safaris.php, und Islas Catalina, südlich der Halbinsel Santa Rosa im Nordwesten des Landes, www.costa-rica-reisen.net/tauchen

N I C A R A G U A
Lago de Nicaragua
Archipiélago de Solentiname
I. Mancarroncita
I. Mancarrón
I. San Fernando
I. La Venada
I. El Zapote
Punta Pizote
Punta Guacalito
San Juan del Sur
Sapoá
Cangrejo
Guadalupe
Escamea
San Antonio
Monte Verde
Peñas Blancas
Colpachi
Cárdenas
El Tigre
La Virgen
Colón
La Flor
El Ostional
La Garita
La Cruz
Bahía de Salinas
Playa Pochotes
Isla Bolaños
Puerto Soley
Santa Cecilia
Río Las Haciendas
Hacienda Inocentes
Brasilia
Valle Pueblo
El Carmen
México
Golfo de Santa Elena
Las Pilas
Playa Mostrencal
Playa Cuajiniquil
Soley
Mesas
El Hacha
Río Sapoa
Volcán Orosi
1487
Birmania
Delicias
Nazareth
Santa Rita
Cuajiniquil
Parque Nacional Guanacaste
Cerro Cacao
1659
Río Pizote
San José
Santa Clara
Brisas
Upala
San Isidro
Montecristo
San Jorge
Río Negro
Caño Negro
Cabo Santa Elena
Península Santa Elena
Parque Nacional Santa Rosa
711
Colonia Dos Ríos
Cordillera de Guanacaste
Islas Murciélagos
Playas Coloradas
319
Hacienda Santa Rosa
Battle of Santa Rosa 1856 March 20th
García Flamenco
Volcán Rincón de la Vieja
1806
Volcán Santa María
1916
Milpas
San Isidro
Canalete
Rosario
Colonia Puntarenas
Aguas Claras
Finca Armenia
Playa Nancite
Potrerillos
Parque Nacional Rincón de la Vieja
Pital
Hacienda Rincón de la Vieja
Colonia Blanca
Zona Protectora Miravalles
Santo Domingo
Playa Naranjo
Hacienda Los Ahogados
Cañas Dulces
Hda. Guachipelún
Hda. Santa María
Volcán Miravalles
2028
Cerro La Giganta
Bijagua
Río Celeste
Buenavista
Reserva Indígena Guatuso
Golfo de Papagayo
Irigaray
Curubande
Laguna Mogote
San Jorge
Unión
Guayabo
Limonal
La Ese
Fortuna
Río Naranjo
Volcán Tenorio
1916
Parque Nacional Volcán Tenorio
Río Frío
Hacienda Culebra
Colorado
Río Tempisque
Río Salto
Cuipilapa
San Bernardo
Hacienda Tenorio
Nacascolo
Puerto Culebra
Cereceda
Liberia
Torno
Santa Fé
Cerro Jilguero
1058
Santa Ana
Panamericana
Salitral
Río Blanco
Río Tenorio
Paraiso
Aguacate
Jardín Botánico Arenal
Playa Panamá
Playa Hermosa
Panamá
Río Liberia
Hacienda San Jerónimo
Tierras Morenas
Sabalito
Arenal
Laguna de Arenal
Playa Del Coco
Playa El Ocotal
El Coco
Comunidad
Guardia
Hacienda El Real
Pijije
Bagaces
Palmira
La Palma
Punta Zapotal
Artola
Sardinal
Palmira
Paso de Tempisque
Reserva Biológica Lomas Barbudal
Hacienda Las Ciruelas
Montano
Los Angeles
Tronadora
Silencio
Zapotal
Nuevo Colón
San Blas
Hacienda Asientillo
Montenegro
Corovicí
Tilarán
Río Chiquito
Playa Pan de Azúcar
Playa la Penca
Playa Potrero
Potrero
Filadelfia
Agua Caliente
Guanacaste
Hacienda La Pacífica
Vergel
Río Cañas
Cerro Guachipelín
550
Planes
Tempate
Guinea
Hda. Tamarindo
Las Cañas
Libano
Quebrada Grande
Colonia Menonita
Playa Flamingo
Playa Brasilito
Brasilito
Playa Real
Santa Ana
Belén
R. Las Palmas
Parque Nacional Palo Verde
Hacienda Mojica
Jabilla Abajo
711
Dos de Tilarán
Playa Concha
Cartagena
Huacas
Corralillo
Valle de Tempisque
San José
Nubes
Cabo Velas
Matapalo
Coyolito
Río Cañas
Ortega
Bolsón
Hda. Palo Verde
San Miguel
Candelaria
Salinas
Playa Grande
Playa Tamarindo
Tamarindo
Playa Langosta
Portegolpe
Villareal
Hatillo
Bernabela
Talolinga
Rosario
Puerto Humo
Río Bebedero
Reserva Forestal Taboga
Barrio Jesús
Alto Cebadilla
Cordillera
Cañafístula
Calmito
Chirco
Limón
Santa Bárbara
Oriente
Guaitil
San Lázaro
Zapote
Pozo de Agua
Río Tempisque
Quesara
Finca Lajas
Río Lajas
Las Juntas
Sierra
Parque Nacional Marino Las Baulas de Guanacaste
San José
Cebadilla
Veintisiete de Abril
Lagunilla
508
Santa Cruz
Diriá
Chira
Caballito
354
Solimar
La Palma
Limonal
San Juan Grande
Cerros
Playa Avellana
Icacal
Ceiba Mocha
Río Diriá
Arado
Chumico
San Antonio
Corralillo
Millal
Puerto Moreno
Porozal
Santa Lucía
San Joaquín
Matapalo
Huacas
Río Seco
San Juan
Sabana Grande
Parque Nacional Barra Honda
Quebrada Honda
San Buenaventura
Pueblo Nuevo
Pozo Azul
Paraiso
Parque Nacional Diriá
Piave
Matamba
Colorado
Finca Cobano
Playa Junquillal
Junquillal
Retallano
Oriente
San Martín
Nacaome
Copal
Tortugal
Coyolito
Yomale
Sarmiento
Isla Chira
Florida
483
Cabeceras
Nicoya
Santa
Abangaritos
San Gerardo
Playa Lagarto
Lagarto
Bolillos
Reserva Indígena Matambú
Boca Letras
Playa Camerita
Manzanillo
Pájaros
Rancho Grande
Quirimán
Playa Manzanillo
Marbella
Alemania
Vista al Mar (Cenzosa)
Dulce Nombre
Mansión
600
Puerto Jesús
Pilas
Morales
Península de Nicoya
Lajas
Limenal
Isla Pájaros
247
San Agustín
Playa Coco
Palmares
Caimital
Río Morote
Cuajiniquil
Iguanita
Las Huacas
San Pablo
Chomes
Playa Azul
Jazminal
Guastomatal
Hojancha
Santa Rita
Golfo de Nicoya
Pitahaya
San Juanillo
Limonal
Pilas Blancas
Pilangosta
Pavones
Isla Caballo
El Ostional
Playa Ostional
Nosara
Río Nosara
San Rafael
Zapotal
Carmona
Corozal
Monte Romo
Cerro Azul
1018
San Ramón
Jicaral
Playa Naranjo
Puntarenas
Playa Nosara
Naranjalito
Maquenco
Altos de Socorro
Lepanto
I. San Lucas
Isla Guayabo
Esperanza Sur
Primavera
Terciopelo
Santa Marta
Río Ora
Cerro Azul
Cuajiniquil
Juan de León
Unión
Montaña
Esperanza
Gigante
Playa Pelada
Playa Guiones
Garza
Buenos Aires
Río Juan de León
Bahía Gigante
Punta Guiones
Esterones
San Pedro
San Gabriel
Jabillo
Quebrada Bonita
Río Grande
Isla Cedros
Punta Coral
Playa
Sámara
Estrada
Corazalito
Fresca
755
Playa Carrillo
Puerto Carrillo
Río Seco
Guadalupe
Paquera
Playa Camaronal
Playa Bejuco
Bejuco
Millal
Zapote
Río Bongo
Guaria
San Rafael
Islas Tortuga
Jabilla
Playa San Miguel
Curú
Playa Coyote
San Francisco de Coyote
Río Frío
Caletas
Río Arío
Pachanaga
Vainilla
Punta Coyote
Bajos de Arío
Pochote
Playa Caletas
Playa Bongo
Santa Fé
Playa Pochote
Playa Arío
Arío
Tambor
Playa Tambor
Manzanillo
Cóbano
Tacotales
Playa Manzanillo
Montezuma
Playa Cocalito
Santiago
Playa Cocal
Playa Santa Teresa
Malpaís
Playa Montezuma
Cabuya
Playa Balsitas
Cabo Blanco
Isla Cabo Blanco
Maßstab 1:700.000
0
10km

Savanne, Strand, Schildkröten

Die Halbinsel Nicoya ist eine „Blaue Zone", in der die Menschen besonders alt werden. Sie birgt trockene Savanne und sehr schöne Strände, aber auch ein wunderbares Feuchtgebiet am Río Tempisque. Zudem ist sie die Heimat eines der größten Schildkröteneiablageplätze der Welt, und Krebse wagen dort ihre Invasionen.

1 Nationalpark Palo Verde

Die grüne Ausnahme auf der sonst – fernab der Küsten – so trockenen Halbinsel.

SEHENSWERT

14 Vegetationszonen gibt es im Nationalpark **Palo Verde** TOPZIEL, Feuchtgebiete machen etwa die Hälfte aus; hinzu kommen Trockenwald und Mangroven. Trotz der größten Krokodilpopulation in Costa Rica, ungezählter Kaiman- sowie 53 weiterer Reptilien- und Amphibienarten ist ein Storch der Star im Nationalpark. Genauer, der größte Storch der Welt: Ein Jabiru wird bis zu 1,40 m groß, hat eine Flügelspannweite von mehr als 2,50 m und einen 30 cm langen Schnabel. Da er sehr scheu ist, braucht man etwas Glück, einen oder ein Paar zu sehen. Häufig gelingt das auf der **Isla de los Pájaros** im Tempisque-Fluss.

AKTIVITÄTEN

Geführte **Wanderungen**, besonders für Vogelkundler (www.ots.ac.cr), sowie Jeep- und Bootsfahrten, die in der Regel von den Resorts angeboten werden. In der Regenzeit können viele Wanderwege überschwemmt und ausschließlich per Boot oder Kanu zugänglich sein.

HOTEL

Nach 26 km staubiger Piste kann man in der €€€€ **Rancho Humo** eines der 10 modern eingerichteten Zimmer mit Panoramafenster und Veranda beziehen. Tgl. ist eine Exkursion mit Jeep oder Boot in den Nationalpark inklusive, ebenso die gute und unabdingbare Vollpension (in der Nähe gibt's nichts anderes). Kleiner Pool, große Atmosphäre (siehe „Unsere Favoriten", S. 114).

INFORMATION

Nur am Nationalparkeingang, tgl. 8.00 bis 16.00 Uhr, Tel. 26 61 47 17

2 Playa del Coco

Der inzwischen auf 6000 Einwohner angewachsene Ort ist die wohl bekannteste und älteste Strand-Agglomeration des Landes mit bester Infrastruktur, aber auch ein bisschen Ballermann-Atmosphäre. Besonders Surfer, Taucher und so mancher Sportfischer fühlen sich dort zu Hause. Alles ist fest in US-amerikanischer Hand ...

SEHENSWERT

Der hufeisenförmige **Strand** ist braun-grau und wird von steilen Felswänden gesäumt. An der Playa spielen Beach-Volleyballer und Basketballer, zu sehen sind knappe Bikinis, gut geformte V-Körper, herumtollende Kinder und verliebte Pärchen. Die Strandpromenade ist ein Tummelplatz für Spaziergänger, Jogger, Skater.

VERANSTALTUNGEN

Zu Weihnachten, Neujahr und Ostern finden ausgelassene **Beach-Partys** statt. Ruhiger zu geht's bei der **Fiesta de la Virgin del Mar** im Juli, wenn die Fischer ihre Boote zu Ehren ihrer Schutzpatronin für die große Bootsprozession schmücken.

AKTIVITÄTEN

Haie und Mantas ziehen die **Taucher** an (www.deepblue-diving.com), die nahen Spots Witch's Rock und Ollie's Point die **Wellenreiter** (www.pacificcoastsuptours.com). Und das **Nachtleben** ist laut und trubelig – sehr laut und trubelig ...

RESTAURANT

Fisch und Meeresfrüchte auf gehobenem Niveau gibt es bei €€€ **Claudio y Gloria** direkt am Strand (Tel. 26 70 02 56).

HOTEL

In 5 Min. ist man im Zentrum und nach 100 m am Strand: Die 9 Suiten im Hotel €€ **La Puerta del Sol** sind perfekt für alle, die ruhig schlafen und einen schönen Pool haben möchten, aber bitte keine lauten Nächte (Tel. 26 70 01 95, www.lapuertadelsolcostarica.com).
Nördl., auf der **Halbinsel Papagayo**, liegt das wunderbare €€€€ **El Alma**, das sich korrekterweise mit dem Untertitel Soul Retreat schmückt. Perfekte Lage, gute Küche, Yoga, Golf, den Pazifik und die Ruhe kann man hier genießen (Tel. 62 48 36 66, www.elalma.com).

UMGEBUNG

Wer es etwas ruhiger und beschaulicher schätzt, sollte sich in nördl. Richtung orientieren: Die **Playa Hermosa** (6 km) ist sehr ruhig und hat einen 2 km langen Strand, der gut zum Baden geeignet ist, da ohne Strömungen.

INFORMATION

www.visitcostarica.com/en/costa-rica/playa-del-coco

3 Playa Tamarindo

Der weiße Sandstrand und das hübsch blau schimmernde Meer ziehen schon lange Reisende aus aller Welt an. Dementsprechend gut ist die Infrastruktur in der 6500-Einwohner-Gemeinde.

SEHENSWERT

Wollte man Tamarindo als Corpus beschreiben, ergäbe sich folgendes Bild: Der Strand ist das Herz, die Hauptstraße der Körper, und die bewaldeten Hügel ringsherum sind die Arme. Und

Pool im Sunrise Resort an der Playa Tamarindo.

als Haustiere fungieren nördl., in der salzwasserhaltigen Lagune, zahlreiche Krokodile.

VERANSTALTUNGEN

Tamarindo hat sich zu einer Top-Location für **Hochzeiten direkt am Strand** entwickelt. Für eine Trauung in Costa Rica benötigen (zuvor ledige) Ausländer nicht viel mehr als ihre Reisepässe und Angaben zu Wohnsitz, Geburtsdatum, Namen und Wohnort der Eltern. Zuvor verheiratete Partner müssen eine Scheidungsurkunde vorlegen. Außerdem werden zwei Zeugen benötigt, die von einer lokalen Heiratsagentur gestellt werden können, die auch den Pfarrer organisiert. Nach der Trauung dauert die zivilrechtliche Registrierung der Ehe 4–6 Wochen (www.weddings.co.cr).

AKTIVITÄTEN

Das 500 m vorgelagerte Inselchen Capitan ist Ziel für gute **Schwimmer**, die sich allerdings zuvor immer über die aktuellen Strömungen informieren sollten. Außerdem im Angebot: **Surfen**, **Mangroven**- sowie schöne **Sonnenuntergangstouren** (https://iguanasurf.net), **Spielcasino**.

RESTAURANT

Ordentliche Portionen vom Grill kommen im Zentrum im argentinischen Steakhaus €€€ **Patagonia** auf den Teller (Tel. 26 53 06 12).

HOTEL

Im €€€€ **Capitán Suizo** quartiert man sich in eines der 33 Zimmer oder am besten in einen der beiden Beach-Front-Bungalows ein: Die haben nämlich einen direkten Zugang zum Strand. Stilvolle Einrichtung, schöner Pool, ruhige Lage und doch nur gut 1 km zum nördl. gelegenen Ortszentrum (Tel. 26 53 00 75, www.hotelcapitansuizo.com).

UMGEBUNG

Besonders nördl. bieten sich einige weitere schöne Strände an wie die **Playa Flamingo**

Links: Nightlife in einer Beach Bar an der Playa Tamarindo. Darunter: Stierkampf in Tamarindo. Unten: Relaxen an der Playa Santa Teresa.

mit hellem und die **Playa Brasilito** mit dunklem Sand sowie die **Playa Conchal**, für viele der schönste Strand im Land: eine sanft geschwungene Bucht mit weißem Sand und vielen Muscheln, Schatten spendenden Bäumen und hellblau schimmerndem Pazifik. Südl. ist noch die **Playa Langosta** zu nennen, als Teil des **Meeresnationalparks Las Baulas de Guanacaste**. Der ist bekannt für seine Schildkröten, die man besonders Okt. – März sehen kann.

INFORMATION

www.tamarindobeachinfo.com

4 Playa Nosara

Der Hauptort im Hinterland, Nosara, ist mit einem Flugplatz ausgestattet, weil 5 km westl. die Playa Nosara und daneben die Strände Guiones, Pelada und Ostional die Attraktion der Gegend sind.

SEHENSWERT

An der dunkelsandigen **Playa Nosara** sieht man noch Fischer ganz klassisch mit der Schnur angeln. Auch Naturfreunde kommen hier auf ihre Kosten: im kleinen Reservat im Hinterland mit Affen, Ameisen- und Waschbären, Krokodilen und Gürteltieren. Die **Playa Pelada** ist bekannt für ihre natürlichen Meerespools, die gezeitenabhängig entstehen.

Tipp

Kidsitting mal anders

An der Playa Nosara erfreut ein **Kids Day Camp** Eltern wie Kinder: Die Eltern, weil sie mal frei haben, und die Kids, weil sie mit einem Fischer Angeln gehen, mit einheimischen Kindern Fußball spielen, eine Familie auf ihrer Farm besuchen oder auch mal mit dem Ochsenkarren fahren dürfen.

INFO
Mo.–Fr. 8.00–16.00 Uhr,
Preis: 94 US-Dollar pro Tag inkl. Essen, Trinken, Aktivitäten,
www.nosaradaycamp.com

AKTIVITÄTEN

In **Ostional** TOPZIEL können während des ganzes Jahres Schildkröten bei der nächtlichen Eiablage beobachtet werden, allerdings ausschließlich mit Führer. Ohne ihn und sein Rotlicht würde man wohl kaum eine Spur finden, die zum Nest führt. Die meisten Arribadas (Massenankünfte von Schildkröten) fallen in die Regenzeit von Aug. bis Dez., immer ein paar Tage vor Neumond und etwa ab 20.00 abends bis 4.00 Uhr morgens. Surfer lieben die Wellen der **Playa Guiones** heiß und innig.

BAR UND RESTAURANT

In der Bar € **Las Brisas** (Playa Nosara) gibt es legal Schildkröteneier mit scharfer Tomatensauce. Wer lieber frischen Fisch von den Fischern vom Ort essen möchte, geht zu €€ **Olga's Restaurante** direkt am Strand von Pelada. Nach dem Essen gibt's dort immer noch Musik am Strand (Tel. 26 52 04 03).

HOTELS

Die Lage über dem Meer ist schlicht fantastisch: Der Pazifik und die Playa Nosara liegen wie eine perfekte Kulisse unterhalb der €€€€ **Lagarta Lodge** mit ihrem schönen Pool und dem Restaurant, das perfekt fürs Sonnenuntergangs-Dinner ist. Solarenergiebetrieben, umweltfreundlich (siehe „Unsere Favoriten", S. 114). Die 17 Zimmer im Hotel €€€ **Olas Verdes** liegen in einem kleinen Urwald mit Affen und Papageien, aber trotzdem nur 200 m von Nosaras langgezogenem Nachbarstrand Guiones entfernt. Naturmaterial vom Dach bis zur Deko. Alle 35 Angestellten kommen vom Dorf. Gutes Restaurant. Im Preis enthalten: Frühstück, Leihfahrrad und Wäscheservice (Tel. 26 82 06 08, www.olasverdeshotel.com).

UMGEBUNG

Ein weiterer Top-Strand liegt gut 20 km südl.: die **Playa Sámara**, von Palmen gesäumt, gut zum Schwimmen und für Surf-Anfänger. Dort kann man ein schönes Baumhaus bewohnen (http://samaratree house.com).

INFORMATION

www.nosara.com

5 Playa Santa Teresa

Der Strand im Süden der Halbinsel ist ein Zentrum für Rucksackreisende, Langzeiturlauber und Surfer mit vorwiegend einfachen und günstigen Unterkünften, Surfshops, Kneipen und Supermärkten hinterm Strand.

SEHENSWERT

Die Playa wurde in diversen Umfragen wiederholt unter die besten Strände Mittelamerikas gewählt. Genau genommen gehören auch die **Playa Carmen** und die **Playa Hermosa** dazu,

Tipp

Blick von oben

Schon mal ein Krokodil, Mantas oder einen Hai von oben gesehen? Der Pilot eines Ultraleichtfliegers macht es möglich und fliegt ab Sámara manchmal gerade mal fünf bis 20 m über Wasser oder Land. Am Rio Buena Vista sieht man immer die Krokos und im Meer fast immer Mantas und Haie, zwischen Dez. und März auch Wale. Man sitzt direkt hinter dem Piloten. Mitzubringen sind nur Sonnenschutz und -brille.

INFO
20 Minuten kosten 110, 30 Min. 150, 60 Min. 230 US-Dollar, http://autogyroamerica.com

die ineinander übergehen: alle drei langgezogen, naturbelassen und wirklich sehr schön.

VERANSTALTUNGEN
Beinahe jeden Monat gibt es **Surf-Wettkämpfe**, bei denen man von echten Könnern Kunststücke auf dem Brett erleben kann.

AKTIVITÄTEN
Surfen, surfen und nochmals surfen (http://costaricasurfing.org/kina-surf-shop/). Wer es besinnlicher wünscht, bucht **Yoga** im https://horizon-yogahotel.com/yoga.php

RESTAURANT
Die Ceviche ist hervorragend, das Gleiche gilt für die Fisch-Tacos oder den Snapper, der hier wie Backfisch im Teigmantel zubereitet wird. Und die Preise in der € **Soda Tiquicita** sind super günstig (Tel. 26 40 01 67).

HOTEL
5 offene Holzbungalows sorgen für eine ganz besondere Atmosphäre im €€€€ **Latitude 10 Exclusive Beach Resort**. Die vom Surftrubel etwas entfernten Casitas liegen nur wenige Schritte vom Strand entfernt im Grünen. Die Betten haben Moskitonetze. Pool, Spa, Restaurant, Fahrräder (Tel. 26 40 03 96, www.latitude10resort.com).

UMGEBUNG
Im **Nationalpark Cabo Blanco**, 12 km südl., kann man mit Glück vielleicht sogar mal einen Puma sehen, in jedem Fall aber Tukane. Das ehemalige Hippie-Dorf **Montezuma**, 20 km östl., ist inzwischen zwar ebenfalls touristisch, aber nostalgische Momente erlebt man sicher. **Playa Naranjo** an der Ostküste der Halbinsel ist für Mietwagenfahrer wichtig, die die Fährverbindung zwischen der Halbinscl Nicoya und Puntarenas nutzen (4 x tgl., www.coonatramar.com).

INFORMATION
www.visitcostarica.com/en/costa-rica/playa-santa-teresa

Genießen Erleben Erfahren

DuMont Aktiv

Die perfekte Welle

Geht das? Erfolg haben und zwar schon am ersten Tag? Paddeln, was das Zeug hält, aufs Board hüpfen und schließlich auf den Wellen reiten? Versprochen wird ja so vieles, und alles, was so einfach, geradezu spielerisch aussieht, bedarf in der Regel harter Arbeit an Technik sowie in diesem Fall auch an Kondition. Aber, okay, wir probieren es!

Geffrey Baltadano begrüßt die Gruppe. Er sieht nicht gerade wie ein Surfer-Typ aus, hat weder die berühmte V-Figur noch nennenswerte Oberarmmuskeln. Im Gegenteil: Geffrey ist klein, gedrungen und, sagen wir mal, etwas mollig ... „Neunzig Prozent, die zu uns an die Playa Guiones kommen, wollen surfen. Etwa zehn Prozent von diesen 90 Prozent haben null Vorkenntnisse. Und wenn sie unseren Kurs gemacht haben, gehören sie zu den anderen 80 Prozent“, verspricht Geffrey vollmundig. Nach etwas Theorie und dem Üben des Bewegungsablaufs mit dem Brett im festen Sand geht es bald ins Wasser.

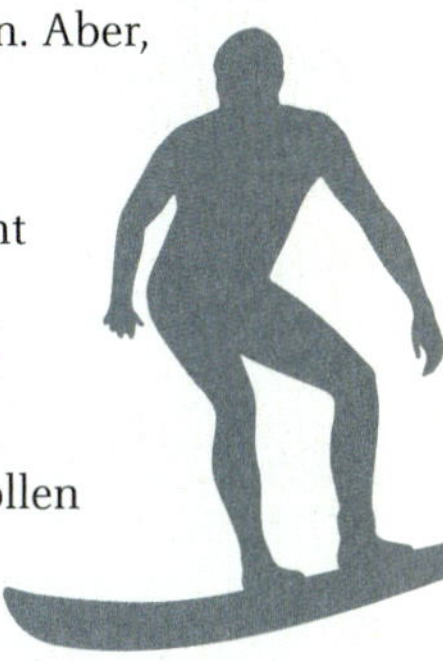

Auf einen Lehrer kommen drei Schüler, und der platziert seine weiteren Instruktionen immer wie nebenbei: „Schau, wenn du das so machst, geht's einfacher ...“ Stimmt. Der erste Tag in einem Revier mit nicht hohen, aber schön langgestreckten Wellen endet mit einem glatten 2:1. Einer aus dem Trio hat es nicht aufs Brett geschafft: kein Pop-up ... Aber sein Ehrgeiz war so enorm, dass er es war, der am dritten Tag, als es schon an die Außenwellen ging, die zuweilen an der Zwei-Meter-Marke kratzten, als Erster aufs Brett kam und ein paar Meter fahren konnte ...

Weitere Informationen

Der Anfängerkurs Wellenreiten dauert mind. 3 Tage mit je 2 x 90 Min., vor- und nachmittags in einer Gruppe mit 3 Personen. Preis: 300 US-Dollar inkl. Ausrüstung; Tel. 26 82 01 13, https://safarisurfschool.com

Affenseile, Weltkultur und eine Eingebung

Mit rund 1100 Kilometern ist die Pazifikküste gut fünfmal länger als die Karibikküste. Dementsprechend viel gibt es hier zu erleben, wuchtiges Panamericana-Feeling und eine Dschungel-Halbinsel ganz ohne Straßenanschluss inklusive. Und dann wäre da noch die Frage, wie Nachhaltigkeit in Costa Rica eigentlich funktioniert.

Mensch und Tier, hautnah: auf Crocodile Tour am Rio Grande de Tarcoles.

Den größten Teil der Pazifikküste nimmt die Provinz Puntarenas ein, deren Geschichte schon immer eng mit dem Meer verbunden war. Bereits um das Jahr 1500 v. Chr. gab es hier etwa 150 Siedlungen indigener Stämme – später war Puntarenas eine der ersten costaricanischen Regionen, die von den Spaniern kolonialisiert wurden.

Rechts: An der Playa Garladonada, südlich von Tarcoles.

Unten: Ein Rosalöffler *(Platalea ajaja)* am Río Grande de Tarcoles.

Bereits den hier lebenden indigenen Stämmen dienten die Flüsse Río Grande und Río Barranca als wichtige Handelswege ins Landesinnere. Sie fingen Mollusken (Weichtiere), aus denen sie Perlen und Tinte gewannen, und lebten zudem vom Salzabbau.

Links: Mit dem Boot unterwegs durch einen Kanal zum Río Grande de Tarcoles.

Alles frisch: Früchtehändler an der Playa Dona Ana, südlich der Provinzhauptstadt Puntarenas.

Jachten in Reih und Glied: an der Marina Pez Vela Villas bei Quepos, nördlich des Nationalparks Manuel Antonio.

„Wir nehmen keine Bestellungen entgegen, welches Tier man heute sehen möchte."

Antonio Cruz, Natur-Guide

Da staunt der Tourist, und auch die hübsche Parkplatzwächterin guckt nach oben: Hangelt sich doch glatt ein Affe über die stark frequentierte Hauptstraße! „Die bunten Hängeseile sind ja für die Affen gemacht", sagt Gloria – dieser Name steht auf der Brusttasche ihres T-Shirts. „Affen", erzählt sie weiter, „sind so clever! Seitdem es die bunten Seile gibt, nutzen sie nicht mehr die Stromleitungen. Im Park mussten die Ranger das Wasser für die Trinkhähne abstellen, denn die Affen fanden schnell heraus, wie das geht: Wasserhahn aufdrehen und trinken. Nur hat anschließend keiner von ihnen den Hahn wieder zugedreht".

Die schöne Gloria lacht und setzt dann auch gleich den Schlusspunkt unter diese Konversation: „Five Dólares" will sie. Ein horrender Parkplatzpreis, selbst wenn man direkt am Nationalpark sein Auto sicher abstellen kann. Doch wie soll Mann sich gegen ein solches Lächeln wehren?

Mit knapp 700 Hektar Größe ist Manuel Antonio der kleinste Nationalpark des Landes, aber einer der am meisten frequentierten. Das wissen offensichtlich auch die Tiere, denn dort muss der Besucher erst gar nicht nach ihnen suchen. Man stelle einfach seinen Rucksack ab und gehe einige Schritte beiseite. Es vergeht keine Minute, und schon macht sich ein Waschbär ans Werk, um den Rucksack in aller Ruhe nach Fressbarem zu untersuchen. Es hätte auch eines der frechen Kapuzineräffchen sein können – der Waschbär war nur einfach schneller.

Osa ist doch kein Zoo

Hundert Kilometer Luftlinie weiter südlich – man kann auch sagen: gut zwei Auto- und zwei Bootsstunden später – doziert Antonio, ein Natur-Guide von der Corcovado Lodge, über den Regenwald, als wäre dieser eine Apotheke, aus der man sich Mittelchen gegen alle möglichen Krankheiten besorgen kann. Er zeigt scheue Vögel und winzige Frösche, ehe er eine faustgroße Tarantel auf seinem Hemd spazieren gehen lässt: „Sie beißen nicht, wenn man keine Angst hat. Giftspinnen spüren das!", erläutert Antonio, der ganz offensichtlich keine Angst hat, denn bei ihm sieht das gefährliche Kerlchen aus wie ein Plüschtier von Steiff. Antonio sagt: „Sie ist vom Baum auf mein Hemd gelaufen. So etwas machen wir. Aber mal eben eine junge Anakonda aus ihrem Versteck zerren – das machen wir nicht. Osa ist kein Zoo, und wir nehmen keine Bestellungen entgegen, welches Tier man heute sehen möchte". Antonio zeigt auf eine Horde Affen. Sie umzingelt einen Leguan, der sich fortan nicht einen Millimeter mehr rührt und sich am Boden tarnt wie eine große Luftwurzel. Nach einer Weile haben die Affen das Interesse verloren. Dann geht alles wieder seinen gewohnten Dschungelgang.

Viele Tiere, kaum Menschen

Alles sehr reglementiert – so lautet häufig ein Fazit nach langen Wanderungen in Costa Rica. Aber wer viele Tiere und eine tolle Natur hat, der muss diese auch schützen. Außerdem werden die Gäste auch selbst geschützt, wenn man sie auffordert, die Wege nicht zu verlassen. Schließlich leben allein in Osa 22 giftige Schlangenarten ...

Die Osa-Halbinsel mit dem Nationalpark Corcovado ist von den zugänglichen Gebieten in Costa Rica sicherlich die abgeschiedenste Region, die urigste und die mit den wenigsten Menschen.

Der zweitgrößte Nationalpark des Landes erstreckt sich fast über die gesamte Halbinsel, die zu den regenreichsten Gebieten Costa Ricas gehört. Entsprechend üppig gedeihen je nach Höhenlage die Feuchtigkeit speichernden Nebel-, Berg- und Sumpfwälder, dichter Regenwald und Mangroven; letztere besonders an der Mündung des Río Sierpe in die Bahía Drake. Zu den von einer internationalen Forschungsstation beobachteten Parkbewohnern zählen 160 Säugetier-, 367 Vogel-, 177 Reptilien- und 40 Süßwasserfischarten. Die Zahl der vorkommenden Insektenarten kann mit etwa 6000 nur grob geschätzt werden.

Man muss im Kleinen anfangen

Im Jahr 1974, als Franz Beckenbauer in München den Fußball-Weltmeisterschaftspokal in die Höhe stemmte und die Ölkrise den Heizölpreis in Deutschland in kurzer Zeit von zwölf auf 70 Pfennige steigen ließ, da saß Steven Lill aus Chicago an der Playa Pedrillo auf der Osa-Halbinsel und dachte nach: „Hier ist das Paradies. Wenn ich jetzt noch ein kaltes Bierchen hätte, nachher eine warme Dusche und vielleicht zum Abendessen ein tolles Steak sowie für die Nacht ein wei-

Es muss nicht immer ein Selfie sein – dazu gibt es im Nationalpark Manuel Antonio zuviel zu sehen: zwei Kapuzineraffen *(Cebinae)* etwa oder ein auf dem Fels gut getarnter Schwarzleguan *(Ctenosaura similis)*.

Oben: Blick über den Nationalpark Manuel Antonio mit seinen herrlichen Buchten und Stränden.

Links: Auch wenn das kristallklare Wasser bei den Stränden des Nationalparks ideal zum Schwimmen und Schnorcheln ist – so ein Hotelpool wie hier im unweit des Parks gelegenen Arenas del Mar Beachfront & Rainforest Resort hat auch seinen Reiz.

Fächerpalmen säumen die Playa Ventana bei Ojochal. Der Name Ventana (Fenster) bezieht sich auf zwei Höhlen am nördlichen Ende des Strands, die man bei Ebbe erkunden kann.

Gut, manchmal muss es eben doch ein Selfie sein – vor Naturphänomenen wie hier den Nauyaca-Wasserfällen bei Dominical zum Beispiel, die zu den schönsten im ganzen Land gehören.

Im Hafen von Sierpe, einem kleinen, an der Mündung des gleichnamigen Flusses gelegenen Ort auf der Osa-Halbinsel im Süden von Costa Rica.

„Adults only" – Erwachsenen vorbehalten ist der Fünf-Sterne-Schöner-Wohnen-Luxus der Kura Design Villas in Uvita, am nördlichen Rand des Nationalparks Marino Ballena.

UNESCO-Weltkulturerbe

Special

Eine runde Sache

Sie heißen Esferas, sind kugelrund und waren die Symbole für Macht, Status und Reichtum in der Diquis-Kultur, die zwischen dem 8. und 16. Jahrhundert das Leben im heutigen Costa Rica bestimmte.

Je größer und perfekter die Granitsteine gearbeitet waren, desto wichtiger und reicher war ihr Besitzer. Viel mehr weiß man nicht über die in allen Landesteilen zu findenden Steinkugeln, die erst nach dem Jahr 1940 ins Interesse der Wissenschaftler gerückt sind und heute zum Welterbe der UNESCO zählen. Der größte Stein, der jemals gefunden wurde (in der Nähe von Palmar Sur im tiefen Süden des Landes), hat einen Durchmesser von 2,5 Metern und wiegt 24 Tonnen. Viele der Steine wurden in den 1940er- und 1950er-Jahren durch US-Archäologen in die USA gebracht. Das Esferas-Museum Finca 6 Site in Palmar Sur informiert mit Video, Exponaten und Rundwegen recht eindrucksvoll über diese Kultur.

Museum Finca 6 Site, Palmar Sur, Tel. 21 00 60 00, finca6@museocostarica.go.cr

ches Bett ..." Zu dieser Zeit gab es dort nichts von all dem, auch keinen Nationalpark und nur eine Hand voll Touristen, oder besser gesagt: Abenteurer wie Steve, die mit dem Kanu kamen. Er kaufte ein Stück Land und pflanzte Kakao an, hatte aber Pech mit einem Pilz, der Costa Rica damals sogar seine Stellung als Nummer eins im Kakao-Weltmarkt kostete. Also erinnerte sich Steve an seinen Traum und realisierte die „Casa Corcovado". Kein Baum durfte für den Bau der Bungalows sterben, und bis heute führt er die Lodge nachhaltig. Nur Leuten aus der Region gab er hier Arbeit. „Man muss im Kleinen anfangen", dachte Steve. Und er hatte Recht, denn bald ging es auch im Großen weiter.

Es muss was abfallen

Nachhaltiger Tourismus in Costa Rica begann in den 1980er-Jahren. Zunächst gab es nur Partyurlauber aus den USA. Als der damalige Staatspräsident Oscar Arias Sánchez für sein Bemühen um die Befriedung Mittelamerikas im Jahr 1987 den Friedensnobelpreis erhielt, kam das Land international in die Nachrichten und auf die touristische Landkarte. Die Welt verwechselte Costa Rica von nun an nicht mehr mit Puerto Rico, erfuhr von einem wunderbaren Land mit unglaublicher Natur, das noch dazu keine

Kajak-Mangroventour in Puerto Jiménez, dem größten Ort auf der Osa-Halbinsel.

„Wer schläft, kann keine Fische fangen."

Tico-Sprichwort

Armee hat. Deshalb trat ein seltener Fall ein: Die Destination suchte keine Zielgruppe, sondern sie wurde von einer Zielgruppe gefunden. Und die sagte: „Wenn ihr jetzt anfangt, dann macht es richtig. Macht es umweltfreundlich und nachhaltig!"

Natur- und Artenschutz

Was in den späten 1980er-Jahren geradezu revolutionär war, gehört heute in jeder großen Tourismusnation zum Allgemeingut. Die Eckpfeiler des Konzepts Nachhaltigkeit sind: So wenig wie möglich in die Natur eingreifen, diese schützen, um sie, so attraktiv wie möglich, den Gästen aus aller Welt zwar reglementiert, aber authentisch zeigen zu können.

Die Einnahmen aus dem Tourismus fließen also zum einen geradewegs wieder in den Natur- und Artenschutz sowie zum anderen, ganz wichtig, zu den Einheimischen vor Ort. Denn von den Parks muss auch etwas für die Leute abfallen: Geld. Eine der besten Möglichkeiten, an Geld zu kommen, ist der Tourismus. Wenn die Einheimischen sehen, dass Touristen-Dollars nur fließen, wenn unberührte Gebiete auch wirklich unberührt bleiben, dann lassen sie auch nicht zu, dass Tropenhölzer gefällt oder Regenwälder vernichtet werden.

Kein Tag ist gleich

Dass Costa Rica nicht gerade das günstigste Reiseland Mittel- und Südamerikas ist, hängt auch damit zusammen, dass es den Ticos aufgrund vieler nachhaltiger Projekte vergleichsweise gut geht, während so mancher Rucksackreisende in Ländern mit größerer Armut von den niedrigeren Lebenshaltungskosten profitiert und sich für ein Taschengeld wochenlang durchschlagen kann.

Da hockt Steve nun also, frisch geduscht, ein kühles Bierchen in der Hand, und glotzt. Dieses Ritual auf der Sonnenuntergangsterrasse wird mit und ohne Sonnenbrille begangen, mit Bier oder Wein, selten mit Wasser. „Kein Tag ist gleich", sagt Steve. „Wenn einer schon drei- oder vierhundert Sonnenuntergänge fotografiert hat, dann muss er doch immer wieder mit der Kamera draufhalten. Weil sie ergreifend sind, überraschend, immer anders und ewig neu. Hier an diesem Platz sowieso." Er nimmt einen Schluck, ist zufrieden und scheint etwas ganz gut gemacht zu haben.

Und jetzt der Road-Movie-Kick

Szenenwechsel: Es geht stetig aufwärts. Nebel hat sich über die Straße gelegt, die Lastwagen sind weniger geworden auf der legendären Panamericana, der längs-

Geoffroy-Klammeraffe *(Ateles geoffroyi)* im Nationalpark Corcovado. Wie alle Klammeraffen hat das Tier an der Unterseite des Schwanzendes eine nackte Fläche mit gut ausgebildeter Tasthaut. Sie ist der menschlichen Handfläche verblüffend ähnlich und hilft dem Affen, die Beschaffenheit von Gegenständen zu prüfen.

Mittlere Reihe von links nach rechts: Die costa-ricanische Tierwelt wird auch vom Ozelot *(Leopardus pardalis)* und von Blattfußwanzen *(Anisocelis flavolineata)* bevölkert – zur Freude ambitionierter Naturfotografen.

Auch der Nördliche Tamandua *(Tamandua mexicana)*, ein Ameisenbär, ist im Nationalpark Corcovado zu Hause.

Playa Carate im Nationalpark Corcovado auf der Osa-Halbinsel: Diverse Ökosysteme (darunter Nebel-, Mangroven- und Regenwälder sowie Sandstrände) machen das Gebiet zu einer der artenreichsten Zonen der Welt. Bis heute stehen hier die Chancen gut, unbekannte Tier- und Pflanzenarten zu entdecken.

Hellrote Aras sind monogam – wenn sich ein Paar gefunden hat, bleibt es ein Leben lang zusammen. Diese beiden wurden ebenso im Nationalpark Corcovado fotografiert wie daneben der Feigenbaum mit seinen ausladenden Stützwurzeln.

Heute findet man auf der Osa-Halbinsel eher eine Goldkröte als Goldnuggets – aber das war schon mal anders. Daran erinnert die Rancho Quemado im Herzen der Osa-Halbinsel.

Ebenfalls auf der Osa-Halbinsel kann man sich in der Aguas Ricas Lodge einen Eindruck vom traditionellen Leben und Arbeiten der indigenen Bevölkerung machen.

ten mit dem Auto befahrbaren Strecke der Welt. Sie führt von Alaska bis Feuerland: 48 000 Schnellstraßenkilometer durch 16 Länder und so etwas wie das Gegenteil von Nachhaltigkeit. Nur 87 Kilometer direkte Verbindung fehlen: die Darién-Lücke zwischen Panama und Kolumbien, weil dort ein intakter Regenwald vor dem massiven Verkehr geschützt wird. Wer auf die costa-ricanische Panamericana schaut, die rund 650 Kilometer lang ist und zu den insgesamt nur rund 4000 Kilometer geteerten Straßen im Land zählt, bringt für die fehlende Verbindung zwischen Nord-, Mittel- und Südamerika einiges Verständnis auf: Sträflich überladene Lastwagen donnern in beide Richtungen ohne Unterlass. Sie fegen über all die vielen Schlaglöcher hinweg – für Road-Movie-Romantik bleibt da kaum Raum. Denn die vermeintliche Traumstraße darf man sich nicht wie ein Küstenpanorama an der Côte d'Azur vorstellen, wo die Cabrios der Luxusmarken zur Schau gefahren werden.

Der Pass des Todes

Die Carretera 1 vom Norden bis San José und die 2 ab der Hauptstadt gen Süden ist schlicht ein LKW-Highway – übrigens nur mit zwei Spuren, abgesehen vom Gebiet um San José, und deutlich schlechter in Schuss als unsere Bundesstraßen. Trotzdem ist man froh, sie gefahren zu sein. Denn der Höhepunkt, im Wortsinn, naht. Der Road-Movie-Kick hat sogar einen Namen! Und was für einen: Auf 3491 Metern in der Cordillera de Talamanca wartet der Cerro de la Muerte, der Pass des Todes. Er liegt 529 Meter höher als unsere alpine Zugspitze! Hochlandbüsche, Moose, dichter Nebel – man wünscht sich, der Nebel würde sich verziehen, damit die Sonne doch noch durchkäme und den Blick freimachte auf beide Weltmeere, um dann als roter Ball in den Pazifik zu plumpsen. Aber wie meinte Steve nochmal? „Kein Tag ist gleich." Und heute soll es nicht sein. Deshalb wird es nichts mit dem vierhundertundersten Sonnenuntergang ... ¡Pura Vida!

BANANEN UND KAFFEE

Licht und Schatten

Neben dem Tourismus als wichtigstem Devisenbringer und der Fertigung von Computerchips sind die Ausfuhren von Bananen und Kaffee sowie in jüngerer Zeit auch Ananas und Palmöl ein elementarer Teil der costa-ricanischen Wirtschaft. Die riesigen Plantagen haben allerdings auch Folgen für die Umwelt.

Oben und rechte Seite: Bananenernte auf einer Plantage in der Provinz Limón an der Karibikküste.

Eine schon seit Kindheitstagen brennende Frage benötigt endlich eine plausible Erklärung: „Warum ist die Banane krumm?" Beantwortet wird sie in Costa Rica, der Bananenrepublik, in der pro Jahr für rund eine Milliarde US-Dollar Bananen ins Ausland verkauft werden, am häufigsten nach Europa und Deutschland. Costa Rica belegt damit weltweit den zweiten Platz hinter Ecuador.

Tatsächlich ist die Erklärung der Kindheitstagenfrage sogar relativ einfach: Die Banane wächst zunächst gerade nach unten. Erst später sucht sie die Sonne. Und dafür muss sich die Frucht dann krümmen.

Krumm ist aber nicht nur die Frucht, die ursprünglich aus dem südostasiatischen Raum kam und von dort über Indien sowie den arabischen Raum ihren Weg nach Europa fand, von wo sie spanische und portugiesische Seefahrer nach Amerika brachten. Krumm, im Sinne von nicht korrekt, ist auch die Plantagenwirtschaft, die beträchtliche ökologische Schäden verursacht. In einem einzigen Jahr wurden schon mal 120 Millionen Kartons zu jeweils genau 18,14 Kilogramm Bananen exportiert. Und zwar immer nur eine von den mehr als tausend bekannten Sorten: Makellose Dessertbananen, alle mindestens 14 Zentimeter lang und mindestens 2,7 Zentimeter dick – normgerechte Früchte mit optisch schöner Krümmung. So will es die Bananenverordnung der Europäischen Union.

Monokultur mit Folgen

Millionen von Stauden wachsen im Hauptanbaugebiet an der Karibikküste Costa Ricas in Reih und Glied, unterbrochen allenfalls von Straßen und Fabriken der drei US-Großkonzerne Chiquita, Del Monte und Dole, die allesamt weder Fragen beantworten wollen noch Fotografen auf ihr Gelände lassen. Ein Drittel aller nach Europa importierten Bananen geht nach Deutschland. Denn nirgendwo in Europa sind Bananen so beliebt wie bei uns. Fast 1,5 Millionen Tonnen werden jährlich verzehrt. Sie sind nahrhaft, gesund und sehr billig. Wer jedoch mal auf einer dieser Megaplantagen war, zweifelt, ob die wie gemalt aussehenden Bananen unserer Supermärkte auch tatsächlich gesund sind. Die Monokultur auf den Plantagen hat zur Folge, dass sich Schädlinge schnell verbreiten können. Um diese zu bekämpfen, wird Chemie eingesetzt, was nicht nur der Natur schadet, sondern auch der Gesundheit der Plantagenarbeiter sowie letztlich dem Endverbraucher.

Auf Costa Ricas Bananenplantagen werden jedes Jahr pro Hektar durchschnittlich 45 Kilogramm Pestizide eingesetzt. Die blauen Plastiksäcke, die über die Stauden gestülpt wurden,

Oben: Finca Rosa Blanca im Valle Central. Unten: Je länger geröstet, desto dunkler ist die Kaffeebohne. Eine hellere Röstung schmeckt meist etwas weniger bitter.

um die Bananen darin vor Schädlingen geschützt mit Treibhauseffekt reifen zu lassen, sind allesamt pestizidgetränkt. Nach zehn bis maximal 20 Jahren ist der Boden verseucht. Dann wird eine neue Plantage aufgebaut.

Diese 45 Kilogramm sind übrigens mehr als zehnmal soviel wie in einem konventionellen deutschen Landwirtschaftsbetrieb verwendet wird. Kann so eine Banane noch gesund sein? Der Geschmack bleibt dabei jedenfalls auf der Strecke. Wer einmal eine Banane an einem Obststand in Costa Rica gekauft hat, der weiß wie eine gesunde Banane (mit so manchen schwarzen Flecken) schmeckt: erzeugt von Kleinbauern, die den lokalen Markt bedienen und deren Früchte gar nicht den Weg ins Ausland finden – zum Glück für die Ticas ...

Chemie oder Biologie?

Ortswechsel in die Finca Rosa Blanca im Valle Central, in eines der acht Kaffeeanbaugebiete Costa Ricas: Manolo Muñoz, auf der Kaffeeplantage aufgewachsen, nimmt erfreulicherweise kein Blatt vor den Mund. „Jede Monokulturplantage macht den Boden kaputt. Und jede zieht Schädlinge an. Das ist bei Bananen so, bei Ananas, den Palmen, aus denen Öl gewonnen wird, und natürlich auch beim Kaffee." Deshalb wächst der Kaffee der Finca Rosa Blanca auf einer Mischplantage.

„Zwischen den Sträuchern haben wir viele Bananen – die Stauden dienen wie Wassercontainer. Verschiedene Bäume spenden den nötigen Schatten", erklärt Manolo. Schließlich braucht der Kaffeestrauch mehr Schatten als Sonne.

Jeder Kaffeestrauch hat letztlich seinen Ursprung in Afrika. „Die Maschinen zum Fermentieren und später zum Rösten kommen aber fast alle aus Deutschland", lacht Manolo und erzählt, dass die Schulferien im Land, von Dezember bis Februar, in die Zeit der Kaffeeernte gelegt wurden, damit die Kinder mithelfen konnten. „Da wurde Tag und Nacht gearbeitet!" Denn ist die Kaffeebohne erst einmal gepflückt, muss der weitere Prozess schnell gehen. „Wir ernten bis heute alles mit der Hand und nützen ausschließlich natürlichen Dünger", sagt Manolo. Chemische Hilfsmittel sind im ökologischen Kaffeeanbau nicht erlaubt. Ein Unterschied, der sich auch im Preis bemerkbar macht: „Mit Chemie-Einsatz kostet ein einfacher Kaffee zehn US-Dollar pro Kilogramm. Biologischer Spitzenkaffee kann das Dreifache wert sein".

Anders als bei den Bananen ist der costa-ricanische Kaffee fest in der Hand zahlreicher mittelständischer oder kleiner Tico-Unternehmen. Sein Anbau ist Lebensgrundlage von landesweit 55 000 Familien, gut 90 Prozent der Kaffeefarmer bewirtschaften weniger als fünf Hektar Fläche.

„Der Kaffee dieser Plantage bleibt zu hundert Prozent in Costa Rica", sagt Manolo stolz. Nur der Kaffee größerer Plantagen geht auch ins Ausland. Aber die verwenden leider meistens auch Chemie ..."

Fakten & Informationen

Bananenplantagen findet man kilometerweit an der Karibikküste, südlich und westlich von Puerto Limón. Alle acht Kaffeeanbaugebiete sind im Inland zu finden, auf 1000 bis 1700 Metern Höhe (www.fincarosablanca.com, www.chayottelodge.com).

Mit den traditionellen Ochsenkarren (Carretas) wie hier auf der Britt-Kaffeeplantage wurden einst die Kaffeebohnen transportiert.

Valle de Parrita
Parrita
Quepos
Manuel Antonio
Playas Manuel Antonio
Parque Nacional Manuel Antonio
Playa Savegre
Savegre
Matapalo
Puntarenas
Playa Barú
Playa Dominical
Dominical
Playa Hermosa
Punta Uvita
Parque Nacional Marino Ballena
Playa Uvita
Playa Ballena
Playa Piñuela
Playa Boca Brava
San Isidro de El General
Reserva Forestal Los Santos
Zona Protectora Cerro Nara
Albergue de Montaña Río Savegre
Cerro de la Muerte
Parque Nacional Chirripó
Cerro Chirripó
Cordillera de Talamanca
Parque Internacional La Amistad
Reserva Indígena Ujarrás-Salitre-Cabagra
Reserva Indígena Talamanca
Reserva Indígena Telire
Valle de Talamanca
Bocas del Toro
PANAMÁ
Parque Internacional La Amistad
Zona Protectora Las Tablas
Valle de El General
Buenos Aires
Reserva Indígena Boruca
Boruca-Térraba
Palmar Norte
Palmar Sur
Cortés
Valle de Diquís
Sierpe
Bahía de Coronado
Río Grande de Térraba
Chacarita
Valle de Coto Brus
San Vito
Jardín Botánico Wilson
Reserva Indígena Guaymí de Coto Brus
Cañas Gordas
Reserva Indígena Guaymí de Abrojos Montezuma
Ciudad Neily
Golfito
Parque Nacional Piedras Blancas
Golfo Dulce
Reserva Forestal Golfo Dulce
Reserva Indígena Guaymí de Osa
Península de Osa
Parque Nacional Corcovado
Estación Biológica Marenco
Drake
Playa San Josecito
Punta San Pedrillo
Punta Llorona
Playa Llorona
Playa Corcovado
Sirena
Playa Madrigal
Carate
Puerto Jiménez
Isla del Caño
Stone Spheres
OCÉANO PACÍFICO
PACIFIC OCEAN
Paso Canoas
Puerto Pilón
Reserva Indígena Guaymí de Conte Burica
Jaco
Playa de Jaco
Playa Hermosa
Esterillos
Punta Judas
Parrita
Playa Palma
Maßstab 1:700.000
0
10km

Weltnaturerbe in spe

Von Jacó nach Osa an der Küste entlang oder besser inländisch auf der Panamericana nach Süden? Da sich beide Wegstrecken lohnen, bietet sich eine Rundfahrt an, um Beach-Life und Road-Movie gleichermaßen genießen zu können. Auf der Halbinsel Osa sollte man sich aber auf jeden Fall auch ein paar Tage Natur pur gönnen.

1 Jacó

Auf die 5000 Einwohner im Städtchen kommen 35 000 Gästebetten, die gefühlt von 35 000 Surfern belegt werden.

SEHENSWERT

Die grausandige **Playa de Jacó** ist das natürliche Zentrum eines der lebhaftesten Badeorte Costa Ricas. Dahinter reihen sich Hotels und Restaurants, Surf-Shops und Supermärkte – auch das eine oder andere schön mit exotischen Motiven bemalte Wohnhaus.

AKTIVITÄTEN

Surfen am Tag, Partymachen in der Nacht. Oder auch Surfen am Abend, da es Flutlichtreviere gibt, und dann erst Party machen ... Auch Canyoning wird mehrfach angeboten (https://costaricawaterfalltours.com/tour/canyoning).

EINKAUFEN

Wer Surf-Equipment benötigt, wird hier garantiert fündig: **Wow** in der Avenida Pastor Díaz ist der größte **Surf-Shop** des Landes. Freitag vormittags gibt es im Zentrum einen **Bauernmarkt**, nicht nur für Obst und Gemüse, sondern auch für Kunsthandwerk und Souvenirs.

RESTAURANT

In der **€ Taco Bar** serviert man prima Tacos mit allen möglichen Füllungen (Avenida Pastor Díaz/Calle Lapa Verde, Tel. 26 43 02 22).

HOTEL

Etwas außerhalb des Zentrums und damit ruhig gelegen sowie direkt am Strand bietet das **€€€ Hotel Catalina** einfache, aber saubere Zimmer mit Balkon oder Terrasse. Pool, schöner Garten (Calle Hidalgo, Tel. 26 43 12 37, www.hotelcatalinacr.com).

UMGEBUNG

20 km nördl. hält jeder an der **Crocodile Bridge**, die sich über den **Río Tarcoles** spannt. Unten im schlammigen Flussbett fühlen sich 20 bis 30 Krokodile wohl, weil sie regelmäßig von oben mit Fleisch gefüttert werden. Nochmals 5 km weiter nördl. befindet sich der **Nationalpark Carara**, wo die seltenen roten Aras Brutplätze haben und sehr gut zu sehen sind. Die 5 km südl. von Jacó gelegene Playa Hermosa (nicht zu verwechseln mit der gleichnamigen Playa auf der Nicoya-Halbinsel) ist eine Alternative für fortgeschrittene Surfer.

Nightlife an der Pazifikküste: Le Loft in Jacó.

INFORMATION

www.visitcostarica.com/en/costa-rica/playa-jacó

2 Nationalpark Manuel Antonio

Naturerlebnis und Badevergnügen: Das ist die Kombination, die den **Nationalpark Manuel Antonio** TOPZIEL (Di.–So. 7.00–16.00 Uhr) so anziehend macht. In den Hochsaisonzeiten wird die Anzahl der täglichen Besucher auf 800 beschränkt. Alle Infrastruktur findet sich außerhalb des Parks im kleinen **Quepos**, das sich komplett dem Tourismus angepasst hat.

SEHENSWERT

Vor den sichelförmigen Playas **Manuel Antonio**, **Espadilla Sur** und **Puerto Escondido** liegen ein Dutzend Inselwinzlinge, alle unbewohnt und naturbelassen. Unmittelbar hinter den Stränden geht es direkt in den Park.

AKTIVITÄTEN

Auf mehreren gut beschilderten und leicht zu bewältigenden **Wanderwegen** sieht man in der üppigen Flora viele Tiere. Am besten morgens gehen und die Wochenenden meiden. Das gilt auch für Costa Ricas längste **Zipline** (www.elsantuariocanopyadventure.com). Schön sind die **Sonnenuntergangstörns** auf großen Segelbooten (www.trimaran.com).

EINKAUFEN

In der **Regalame Boutique** für Kunsthandwerk und Souvenirs gibt es eine reichhaltige Auswahl an Gemälden, Skulpturen, Schmuck, aber auch praktischen Dingen wie sehr guten Costa-Rica-Landkarten, Tassen oder T-Shirts (neben dem Hotel Sí Como No).

RESTAURANT

Im **€€ Claro Que S** bestellt man am besten Fisch oder Seafood vom Grill; passend zum Blick von der Terrasse über den Regenwald zum Pazifik. Am Wochenende gibt's nach dem Essen auch Live-Musik (Tel. 27 77 02 01).

HOTEL

€€€€ Sí Como No, das heißt so viel wie „Ja, warum nicht." Das Hotel an der Straße zwischen Quepos und Nationalpark bietet 57 Zimmer, alle mit Pazifik-Blick, sowie zwei Pools und ein eigenes Schmetterlingsgehege (Tel. 27 77 07 77, www.sicomono.com).

INFORMATION

Am Nationalparkeingang, tgl. 7.00 bis 16.00 Uhr, Tel. 27 77 06 44, http://manuelantoniopark.com

3 Dominical

In der 2500-Einwohner-Gemeinde steht abermals das Surfen im Mittelpunkt.

SEHENSWERT

Die **Strandpromenade** an der **Playa Dominical** ist die Schokoladenseite, denn der Ort

Links: Ein Stück Kokosnuss gefällig? – An der Playa Carate im Nationalpark Corcovado. Rechts: Barleben in der Nähe des Fischereihafens von Quepos.

selbst hat ansonsten nichts Spektakuläres zu bieten, ist aber ein guter Ausgangspunkt für die Besichtigung mehrerer Attraktionen in der Umgebung.

AKTIVITÄTEN
Surfen und **Schwimmen**; letzteres aber besser an der südl. gelegenen, ruhigeren **Playa Dominicalito**. Außerdem **Ausflüge** in die Umgebung, beispielsweise hoch zu Pferd zu den 10 km östl. gelegenen zwei sehr schönen Katarakten mit Bademöglichkeit: Die **Nauyaca-Wasserfälle** sind ca. 50 m hoch (www.cataratasnauyaca.com).

RESTAURANT
Im einfachen, aber guten Restaurant **€ Con Fusione** gibt es hervorragende Tapas – und das nur 100 m von der Playa Dominical entfernt (Tel. 27 87 02 44).

HOTELS
Außen fast karibisch mit viel Farbe und innen mit viel Holz im Kolonialstil zeigt sich das Hotel **€€€ Cuna Del Angel**, 9 km südl. von Dominical. Alle Zimmer haben Balkon oder Terrasse. Schlafzimmer und Bad sind liebevoll mit Hibiskus-Blüten dekoriert. Es gibt einen schönen Pool und ein gutes Restaurant (Tel. 27 87 43 43, www.cunadelangel.com).
Eines der besten Luxusresorts an der Pazifikküste sind die sechs großzügig geschnittenen **€€€€ Kura Design Villas** mit Traumblick und Annehmlichkeiten vom Feinsten, 20 km südl. von Dominical (Bahía Ballena, Tel. 84 48 57 44, www.kuracosta rica.com).

UMGEBUNG
Rund 7 km südl. kann man das **Alturas Wildlife Sanctuary besuchen**, wo man sich um verletzte Tiere kümmert. Weitere 10 km südl. liegt der **Nationalpark Marino Ballena** mit der **Punta Uvita** (siehe Tipp unten rechts). Von dort aus werden auch Delfin- und Walbeobachtungstouren angeboten (www.dolphintourcosta rica.com). Wer lieber in **Uvita** Quartier macht, dem sei die **€€€€ Rancho Pacifico** empfohlen: 10 tolle Villen, Baumhäuser oder Suiten stehen zur Auswahl (www.ranchopacifico.com). Etwa 20 km östl. liegt der **Parque Reptilandia**, in dem auch sehr viele Schlangen zu sehen sind, die man in der freien Natur in der Regel nie zu Gesicht bekommt.

INFORMATION
www.dominicalinformation.com

4 Osa-Halbinsel

Das Dschungelgebiet Osa mit dem knapp 42 000 ha großen Nationalpark Corcovado ist ein Weltnaturerbe in spe – es steht (allerdings schon länger) auf der Vorschlagsliste von Costa Rica für die Aufnahme in die UNESCO-Liste.

SEHENSWERT
Der **Nationalpark Corcovado** **TOPZIEL** (tgl. 8.00–16.00 Uhr) gehört zu den Gebieten mit der vielfältigsten Fauna und Flora weltweit.

AKTIVITÄTEN
Die Lodges bieten tgl. zwei **Exkursionen** an, meist zu Fuß, aber auch mit dem Boot. Da alle Lodges abseits im Dschungel gelegen sind, geht man immer in seiner Lodge zum Essen.

HOTELS
Eine echte Dschungel-Lodge (mit zwei Pools) ist die **€€€€ Casa Corcovado**, die auf einer ehemaligen Kakaoplantage entstand: ohne Straßenanbindung, erreichbar nach schöner zweistündiger Bootsfahrt auf dem Río Sierpe. Die 14 frei stehenden Bungalows sind ohne TV und Klimaanlage, aber komfortabel mit Moskitonetzen sowie mit einer Open-Air-Dusche ausgestattet. Das Abendessen gibt's um Punkt 19.00 Uhr, denn der Koch muss ja nach dem Abwasch noch nach Hause reiten … (siehe „Unsere Favoriten", S. 114).
Auch sehr schön sind die Bungalows und Zelte der **€€€€ Luna Lodge** in der Nähe des Flughafens Carate: eingerichtet im Kolonialstil und mitten im Grünen gelegen. Die Besitzerin bietet auch Yogastunden an (Tel. 40 70 00 10, http://lunalodge.com).

UMGEBUNG
Zwei exzellente Schnorchel- und Tauchplätze sind die vorgelagerte **Isla de Caño** (etwa 1 Std. mit dem Boot) und das abgelegene Weltnaturerbe **Isla del Coco** (Tipp rechte Seite oben).

INFORMATION
www.visitcostarica.com/en/search/content/osa

5 Panamericana

Der Costa Rica durchquerende Abschnitt der Panamericana ist rund 650 km lang. Der südl. Teil von San José bis zum Paso Canoas an der Grenze zu Panama ist der attraktivere Teil, vor allem weil auf 3491 m Höhe in der Cordillera de Talamanca der Cerro de la Muerte überquert wird, der Pass des Todes.

SEHENSWERT
Auch wenn die Panamericana durch Costa Ricas wildzerklüftete Bergdschungelregionen führt, so ist sie hier doch weniger die Traumstraße, als die sie gerühmt wird, als vielmehr ein uncharmanter zweispuriger LKW-Highway. Sie ist hier einfach zu fahren: Es gibt weder enge Serpentinen noch steile Steigungen. Allerdings sollte man immer die Überholer der Gegenrichtung im Auge haben: Da fahren viele nach dem Motto: Der Herr wird's schon richten! Ergebnis: Entlang der Panamericana reihen sich jede Menge Grabkreuze
Bei **Palmar Sur** kann man sich auf die Spuren des einzigen Weltkulturerbes von Costa Rica machen. Man kommt nach **Buenos Aires**, ein

Tipp

Naturwunder

Zum **Nationalpark Marino Ballena** gehört die **Punta Uvita**, eine Halbinsel, die in der Form einer Walflosse in den Pazifik ragt. Von Land aus ist die Form nur zu erahnen, doch aus der Luft staunt man nicht schlecht, wie perfekt Mutter Natur die Flosse nachgebildet hat. Am besten zu sehen beim Flug von der Osa-Halbinsel zurück nach San José. Dann in Flugrichtung rechts sitzen, möglichst weit vorne oder hinten, damit Tragfläche und Propeller das wunderschöne Motiv nicht verdecken. In den kleinen Propellermaschinen herrscht freie Sitzplatzwahl.

INFO
www.flysansa.com

Tipp

Schatzinsel

Isla del Coco, die unbewohnte Schatzinsel, einst Versteck für Korsaren und Walfänger, gut 600 km südl. des Festlandes von Costa Rica, ist vulkanischen Ursprungs, 2400 ha groß und zählt zum Weltnaturerbe der UNESCO. Wer viel Geld bezahlt und dorthin fährt, ist in der Regel Taucher und vor allem daran interessiert, den riesigen Schwärmen von Hammerhaien zu begegnen.

INFO
www.wirodive.de/cocos-tauchsafaris.php

typisches Tico-Städtchen mit großem Namen, das von den Bergen der Cordillera Talamanca und Indianerreservaten umgeben ist. Wichtigste Stadt an der Panamericana im Süden ist **San Isidro de El General**, der Höhepunkt auch im Wortsinn ist der **Cerro de la Muerte**, der mit 3491 m höchste Punkt der Panamericana. Der vielsagende Name (Pass des Todes) stammt noch aus den Zeiten, als sich Ochsenkarrenfahrer über den Pass mühten und es dabei immer wieder zu tödlichen Unfällen kam. Über Cartago erreicht man dann schließlich die costa-ricanische Hauptstadt San José.

RESTAURANT
Wer in San Isidro de El General Halt macht, möchte vielleicht im € **Mercado Central** an den zahlreichen Ständen und kleinen Restaurants authentische Tico-Küche probieren.

HOTEL
San Isidro de El General bietet sich auch für einen Übernachtungsstopp an, etwa im €€€ **Best Western Hotel Zima**, das nur knapp 200 m von der Panamericana entfernt liegt. Allerdings sollte man sich die Junior Suite gönnen – die Standardzimmer sind schon sehr abgewohnt. Mit Pool und Restaurant (Tel. 27 70 11 14, www.bestwesternhotelzima.com).

UMGEBUNG
Das Weltnaturerbe **Talamanca** und **La Amistad** ist schwer zugänglich und größtenteils unerschlossen. Im Talamanca-Gebirge ragen die höchsten Gipfel fast 4000 m hoch. In abgelegenen Gebieten im Hochland leben etwa 10 000 Angehörige verschiedener indigener Volksgruppen von Ackerbau, Viehzucht, Jagd und Fischerei. Im **Nationalpark La Amistad** vermuten Forscher noch einige unentdeckte Tierarten. Ausgangspunkt ist Buenos Aires.
Auch der **Cerro Chirripó** und der gleichnamige Nationalpark gehören zur Cordillera Talamanca. Ausgangspunkt ist San Gerardo de Rivas, 40 km nördl. von San Isidro de El General.

INFORMATION
https://panamericanainfo.com

Genießen Erleben Erfahren

DuMont Aktiv

Auf den Fisch gekommen

„Mister! Halten Sie sich bereit! Wir kommen den Jungs näher. Da sind ein paar Marline vor uns, jeder mit etwa 80 Kilo", sagt Kapitän Alcides Alfaros. Er weiß, der Marlin ist bei Hochseeanglern einer der begehrtesten Fische. Denn „ein Marlin kämpft! Manchmal bis zu drei Stunden! Während ein Hai an der Schnur hängt wie ein schlaffer Sack ..." Alcides Augen glänzen, wenn er vom Marlin erzählt – und ermatten beim Hai. Aber Alcide lag richtig, und der Fight mit dem Marlin beginnt.

„I Fish Quepos", der Anbieter von Touren auf Hochseejachten zum Fischen, hat in der schnieken Marina von Quepos einige Boote anzubieten, sowohl für halbtags als auch für ganztags – dann mit Lunch und Bier so viel man will", so Alcide. Fürs Hochseeangeln sind die Monate Juni bis Dezember zwar die beste Zeit an der Pazifikküste Costa Ricas. Aber auch in der ersten Jahreshälfte stehen die Chancen nicht schlecht. Neben Marlin und Hai sind die anderen Big Boys beim Big-Game-Fishing in den Gewässern vor Quepos Segelfische, Thuna, Snapper und Doraden. Der Kapitän ist mit den Gewässern und Fanggründen so gut vertraut, dass es kaum eine Tour ohne Fang gibt.

„Generell", sagt Alcides, „gilt bei uns: catch and release", also fangen und freilassen. „Will ein Kunde jedoch seinen Fisch fürs große Abendessen haben, darf er ihn natürlich mitnehmen."

Den ersten Kampf hat der Marlin gewonnen. Nach 20 Minuten konnte sich der Drei-Meter-Kerl vom Haken befreien. „Nicht schlimm", meint Alcides, „wir haben ja noch ein paar Stunden ..."

Weitere Informationen

Halbtagestouren kosten 450, ganztägige 850 US-Dollar, jeweils Boot inkl. Kapitän; Tel. 27 74 90 06, www.ifishquepos.com.

Kapitaler Fang: ein Blauer Marlin (Makaira nigricans) erfreut des Sportfischers Herz.

Grünes Paradies am blauen Meer

Gut zwei Drittel der Karibikküste sind unzugänglich, aber der Rest hat es in sich! Nicht nur, wenn Krokodile für Nachwuchs sorgen. Der Norden könnte auch als fabelhafte Kulisse für Adam und Eva dienen, und im Süden wird nostalgisches Hippie-Flair zelebriert.

Ein Stirnlappenbasilisk *(Basiliscus plumifrons)* im Nationalpark Cahuita.

Keine Straße. Nirgends. Nicht mal eine staubige Piste gibt es: Tortuguero im nördlichen Teil der costaricanischen Karibikküste ist nur per Boot erreichbar – oder mit einem Buschflieger. „Und ganz ehrlich: Wir wollen auch keine Straßenanbindung, denn diese würde den Park und damit das ökologische System in zwei Blöcke teilen und gefährden", sagt die Chefin des Nationalparks Tortuguero, Sara Zúñiga Calderón. „Ich lebe seit 23 Jahren in Tortuguero", fügt Barbara Hartung hinzu, die in Tübingen und São Paulo Biologie studiert und sich auf die Schwerpunkte Zoologie und Artenvielfalt im Regenwald spezialisiert hat. „Als ich kam, haben wir noch Wasser aus dem Brunnen geholt, die Wäsche von Hand gewaschen und ohne Web und Handy gelebt." Es klingt etwas wehmütig, denn jetzt gibt's auch in Tortuguero Wasserleitungen, Waschmaschinen, Internet und Handys – mitten im Sumpfdschungel mit ungezählten natürlichen Kanälen und Lagunen, die den kleinen Küstenort großflächig umzingeln. Aber es gibt keine Zufahrtsstraße.

Wie zu Kolumbus' Zeiten

Auf den Bäumen lärmt eine Horde von Brüllaffen, am Flussufer döst ein Krokodil, und auf einer Lagune liefern sich Jesus-Christus-Echsen ein Wettrennen um Insekten. (Die Echsen heißen so, weil sie mit ihren breiten Pfoten tatsächlich so übers Wasser flitzen können, wie es Jesus einst gelungen sein soll.)

Eigentlich ist jede Minute etwas Neues zu entdecken. Wenn Adam der Eva heutzutage in einer paradiesischen Umgebung Obst reichen würde, dann wäre es vielleicht eine Mango, und die Kulisse könnte Tortuguero sein. Man bekommt jedenfalls schnell den Eindruck, dass sich in großen Teilen des weitgefächerten Kanalgebiets wenigstens seit der Ankunft von Christoph Kolumbus 1502 kaum etwas verändert hat – wenn man mal von den Waschmaschinen und Handys sowie den Ausflugsbooten absieht, die besonders dann vermehrt auffallen,

Nach der Besichtigungstour im Nationalpark Tortuguero (oben, Mitte) freut man sich auf die Erholung im Pool der zwischen dem Karibischen Meer und den Kanälen des Nationalparks gelegenen Mawamba Lodge (unten).

Ein Labyrinth aus Flüssen, Kanälen und Lagunen kennzeichnet den Nationalpark Tortuguero im Nordosten der costa-ricanischen Karibikküste. Naturliebhaber freuen sich über die vielfältige Tierwelt mit Seidenspinne *(Nephila)*, Silberreiher *(Ardea alba)*, Nacktkehlreiher *(Tigrisoma mexicanum)* und Rotaugenlaubfrosch (*Agalychnis callidryas;* im Uhrzeigersinn von oben links).

Links: Rafting am Rio Paquare.

Gemüsestand am – gegenüber dem Postamt gelegenen – Mercado Central in der Provinzhauptstadt Puerto Limón.

wenn im hundert Kilometer entfernten Puerto Limón ein Kreuzfahrtschiff festgemacht hat und viele der Kreuzfahrer Tortuguero als Tagesausflug gebucht haben.

Massentourismus im Regenwald

Seit zehn Jahren arbeitet die 32-Jährige Sara nun schon im Nationalpark. Er ist ihr Leben. „Wir haben hier einen Park mit zahlreichen gefährdeten Arten wie unseren Meeresschildkröten, die zur Eiablage an Land kommen."

„Wer seine Sinne nicht öffnet, der lernt die Faszination des Regenwaldes nicht kennen."

Barbara Hartung

Tortuguero bedeutet Schildkrötenjäger – jahrhundertelang lebte der kleine Küstenort vom Handel mit Panzern, Eiern und dem Fleisch der Schildkröten. Erst die Gründung des Nationalparks Tortuguero, südlich des gleichnamigen Orts 1975, machte dem Geschäft ein Ende. Heute arbeiten die 1200 Menschen im von der Außenwelt weitgehend abgeschnittenen Ort vorwiegend im Tourismus, wie auch Barbara Hartung: „In Costa Rica war ich zunächst in verschiedenen Nationalparks tätig, auch in Tortuguero. Mittlerweile bin ich selbstständig, auch um eine Alternative zum Massentourismus anzubieten."

Massentourismus? Die Zahlen geben ihr recht: Heute kommen zehnmal so viele Menschen hierher wie noch vor zwanzig Jahren: Damals waren es rund 13000, heute sind es um die 136000. Und mit dem Massentourismus kommt die entsprechende Infrastruktur. Barbara Hartung setzt sich davon lieber ab: „Statt mit lauten Motorbooten durch den Regenwald zu fahren, paddle ich mit dem Kanu und gehe zu Fuß in kleinen Gruppen durch die Natur, die sich nur so authentisch erleben lässt. Denn wer seine Sinne nicht öffnet, der lernt die Faszination des Regenwaldes nicht kennen."

Fortpflanzung mal anders

Langsam, ganz langsam kommt es näher. Die Rückenzacken durchschneiden das Wasser, lassen es kräuseln. Es riecht modrig, nach Sumpf und Mangroven. Nur ein paar Vögel sind zu hören. Ein zweites Reptil nähert sich. Die Spannung steigt. „Jetzt geht's gleich los", sagt Jorge leise, unser Naturpark-Guide. Und tatsächlich fallen die beiden zwei bis drei Meter langen Krokodile schnell übereinander her. Mit ihren Schwänzen schlagen sie aus, dass das Wasser meterweit spritzt. Die Bewegungen sind so schnell, dass man kaum fotografieren kann. „Warum kämpfen die denn?", fragt ein Besucher. „Das geht jetzt fünf Minuten lang so", antwortet Jorge. „Erst dann wird es für ein paar Sekunden ruhig. Die zwei kämpfen nicht". – Pause. – „Krokodile dösen ja nicht nur den ganzen Tag vor sich hin oder lauern auf Beute. Die müs-

Alle Abbildungen auf dieser Seite: Öko-Tourismus auf der herrlich gelegenen Selva-Bananito-Öko-Lodge. „Bananito" bedeutet nicht nur „kleine Banane", sondern ist auch der Name des Flusses, der in dem privaten Naturreservat, auf dem die Lodge liegt, entspringt. „Selva" bedeutet „Schutz", und so wird aus Tourismus Öko-Tourismus: indem man sich nicht nur um das Wohl der Gäste kümmert, sondern auch um den Schutz des Primärwaldes und der Wasserversorgung.

Mittlere Reihe, links: Die elf individuellen „Cabinas" der Lodge stehen nach karibischer Tradition auf Pfeilern. Errichtet wurden sie aus dem Restholz des die Lodge umgebenden Naturreservats – also ohne dafür Bäume zu fällen. Rechts: Ein Kleinbauer aus der Umgebung hat Bananen zur Lodge gebracht und wartet dort auf die Übergabe.

Das traditionelle costa-ricanische Frühstück heißt Gallo Pinto (gefleckter Hahn) und ist in seiner Grundform vegan (nämlich nur aus Reis und schwarzen Bohnen bestehend), wird aber auch gern mit gebratenen oder frittierten Kochbananen-Scheiben, Tortillas, Gorditas oder Toast sowie mit einem Spiegel- oder Rührei und Natilla (Sauerrahm) serviert wie hier auf der Lodge.

Auch im Nationalpark Cahuita fühlen sich die Kapuzineraffen wohl, sehr zur Freude der …

… Naturfotografen, denen sie ein willkommenes Motiv sind.

Unterwegs im Nationalpark Cahuita: Die beiden Parkeingänge (Cahuita und Poerto Vargas) sind durch einen rund sieben Kilometer langen Wanderweg miteinander verbunden.

Die Greifschwanz-Lanzenotter *(Bothriechis schlegelii)* ernährt sich von kleinen Vögeln, Echsen und Fröschen und ist wie alle Vipern, zu deren … … Familie sie gehört, giftig. Es gibt sie in sehr unterschiedlicher Färbung, wie diese beiden Aufnahmen aus dem Nationalpark Cahuita zeigen.

Special

Nationalvogel Tukan

So ein schöner Kerl!

Seine Stimme krächzt wie ein rostiges Türscharnier. Den Schnabel balanciert er aber wie eine frech auf Pop-Art getrimmte Banane. Deshalb ist er so schön wie kein zweiter Vogel auf dieser Welt.

Die Rede ist von einem Specht namens Tukan, für den nicht wenige nach Costa Rica reisen, weil er dort nicht mehr gejagt wird und sich in zahlreichen Schutzgebieten zu Hause fühlt. Trotzdem benötigt man meist ein Fernglas sowie ein lichtstarkes Teleobjektiv, um diesen schönen Kerl näher betrachten und fotografieren zu können. Denn auch mit buntem Schnabel und nicht minder grellem Gefieder kann sich der Tukan gut in den Wäldern tarnen. Die Farben sind beim Balzverhalten wichtig, der Riesenschnabel dient als Werkzeug und Warnung an Feinde, dass mit den 40 bis 55 Zentimeter großen Spechten nicht als leichte Beute zu rechnen ist. Viele Lodges im Land bieten geführte,

häufig kostenfreie Birdwatching-Touren an, morgens zwischen 5.30 und 7.30 Uhr, auf denen man fast garantiert einen Tukan sehen kann.

Kostenfreie morgendliche Birdwatching-Touren gibt es zum Beispiel in Cahuita (www.ciudadperdida ecolodge.com), in La Fortuna/Arenal (www.nayarasprings.com) oder auf der Osa-Halbinsel/Pazifikküste (www.casacorcovado.com).

sen auch manchmal was für die Fortpflanzung tun, Leute! Die haben gerade Sex!“

In solchen archaisch anmutenden Momenten spürt man: Tortuguero ist ein einzigartiger Ort. „Die Artenvielfalt ist schier unglaublich“, bestätigt Barbara. „Man kann Klammeraffen sehen, Kapuzineraffen, Faultiere, Leguane, Reiher, Tukane, Eisvögel, Papageien, Schlangenhalsvögel, Flussschildkröten, eher seltener Ameisen- und Nasenbären sowie ganz selten Wildkatzen wie den scheuen, ausschließlich nachtaktiven Jaguar …“ – oder eben Krokodile beim Sex.

Der Unterschied von Ost und West

Obwohl die beiden Meere Pazifik und Karibik an der engsten Stelle des Landes nur etwa hundert Kilometer Luftlinie auseinander liegen, trennen die beiden Küstengebiete doch Welten. Neben dem Salsa der Latinos und dem Reggae der Kariben, hörbar in den Kneipen, unterscheiden sich die Landstriche auch geografisch, meteorologisch und in der touristischen Infrastruktur. Sind im Westen die Meeresbuchten und Halbinseln dominant, zeichnet sich die karibische Tiefebene durch Flüsse und Sumpfgebiete aus. Während an der Karibikküste jährlich 5000 bis 6000 Millimeter Regen fallen, hat Nicoya fünfmal weniger Niederschlag. Die Pazifikküste wird von Hotels

Beach-Volleyball an der Playa Cocles in Puerto Viejo.

Brüllaffen *(Alouatta)* sind die am meisten verbreitete Affenart in Costa Rica. Und die größte: Ausgewachsen erreichen sie eine Kopf-Rumpflänge von bis zu 90 Zentimetern. Fotografiert wurde dieses zutrauliche Exemplar im Naturschutzgebiet La Ceiba Reserva Natural nahe der Playa Chiquita südlich von Puerto Viejo, in dem es auch komfortable „Chalets im Landhausstil" zum Übernachten gibt.

Wer braucht schon einen Gemüsestand, wenn er einen offenen Truck hat, aus dem heraus er wie hier in Puerto Viejo sein Angebot feilbieten kann?

Fluchtpunkt Karibisches Meer: Was man im Norden der costa-ricanischen Karibikküste vergeblich suchte, gibt's südlich von Puerto Viejo zuhauf, nämlich Traumstrände wie hier an der Punta Uva.

gesäumt, auf der Karibik-Seite gibt's noch einfache Holz-Lodges, Hängematten- und Schaukelstuhlatmosphäre, besonders im Süden, ab Cahuita an den schön geschwungenen Sandstränden mit zur See geneigten Kokospalmen und Regenwald, wo noch nostalgisches Hippie-Flair zelebriert wird.

Noch nicht die ganz große Karriere gemacht

Die Beschreibung Costa Ricas als „die Schweiz Mittelamerikas", kommt nicht von ungefähr. Sie bezieht sich nicht nur auf die politische Neutralität des armeelosen Landes, sondern neben den Kosten auch auf die Sauberkeit und die Sicherheit. Wobei die Kosten im Vergleich zu Deutschland immer noch deutlich niedriger sind, es nicht ganz so sauber wie bei uns in der Fußgängerzone und die Kriminalitätsrate deutlich höher ist, besonders in Puerto Limón, dem Ausgangspunkt jeder Costa-Rica-Karibik-Tour, ob sie nun hinauf in den Norden nach Tortuguero oder zu den Stränden des Südens führt. Wobei Cahuita und Puerto Viejo – anders als etwa Goa, Koh Samui oder Bali – glücklicherweise noch nicht die ganz große Karriere gemacht haben. Zunächst begrüßen solche mit Ausnahmestränden gesegneten Plätze ja Aussteiger und Hippies. Dann folgen Rucksackreisende, etwas später Pauschal touristen und irgendwann kommt der Jet-Set. Costa Ricas südliche Karibikküste ist aber in der Tourismusentwicklung stehen geblieben – irgendwo kurz nach dem Rucksack- und vor dem Pauschalreisetourismus. Hier scheint sich die Welt etwas langsamer zu drehen als anderswo. Der Strand bestimmt zwar das touristische Leben, ist aber kein aufgeplusterter Cat-Walk. Am Wasser träumen die Menschen sich ja bekanntlich mehr zurück als voraus. Und hier in Cahuita und Puerto Viejo leben sie vor allem im karibischen Hier und Jetzt.

EXKURSION ZUM PANAMAKANAL

Die Gelddruckmaschine

Richard schwamm und schwamm, acht Tage lang, und am Ende war er der erste Mensch, der jemals den Panamakanal durchschwommen hatte. Das war im Jahr 1928, und der US-amerikanische Abenteurer Richard Halliburton wurde vermessen wie ein Wasserfahrzeug, denn nur einem solchen war die Durchfahrt gestattet. Die Vermessung nach Tonnage ergab eine Gebühr von 36 US-Cent – die niedrigste jemals entrichtete Maut in der Geschichte des Kanals, um den es hier geht.

Es ist heiß, deutlich über 30 Grad. Und wenn sich woanders die Menschen ein Päuschen gönnen, von der Hitze ermattet im Schatten dösen, geht in den Schleusanlagen am Panamakanal das Arbeitsleben weiter, denn auch ein Winzling will bedient werden: Das Ausflugsboot „Fantasia" fährt bedächtig in die Miraflores-Schleuse ein, eine der drei großen Schleusen, welche die 26 Meter Höhenunterschied zwischen Atlantik und Pazifik Meter für Meter ausgleichen. Die Wasserstraße ist rund 82 Kilometer lang und erspart seit Fertigstellung der im Jahr 2007 begonnenen und Mitte 2016 vollendeten Erweiterung rund 95 Prozent aller auf den Meeren verkehrenden Schiffen die schwere und lange Fahrt via Kap Horn, wenn sie beispielsweise von New York nach San Francisco fahren möchten. Etwa 15 000 Schiffe nehmen jährlich diese abkürzende Passage und bescheren dem Land Panama durch die Mauteinnahmen knapp vier Prozent des Bruttoinlandsprodukts.

Rund 15 Stunden braucht ein Schiff für die Kanalpassage. Dafür werden, um bei dem Beispiel New York – San Francisco zu bleiben, 15 000 Kilometer oder rund drei Wochen Fahrt sowie deutlich weniger Gefahr einkalkuliert: Schließlich gilt Kap Horn als größter Schiffsfriedhof der Welt: Etwa 800 Schiffe sind dort gesunken, rund 10 000 Menschen ums Leben gekommen. Wissenschaftler haben hier Windgeschwindigkeiten von 265 Kilometern pro Stunde gemessen. Das entspricht einem Hurrikan der Höchststufe 5, Kennzeichnung: verheerend.

Schon im 16. Jahrhundert wurde ein Atlantik-Pazifik-Kanal angedacht – damals noch zwischen Nicaragua und Costa Rica im Norden. Doch im Jahr 1881 begann man dann südlich von Costa Rica mit dem Bau des Panamakanals. Rund 28 000 Menschenleben forderte das kühne Unternehmen, die zwei größten Weltmeere künstlich miteinander zu verbinden. Im Jahr 1914 war das damalige Achte Weltwunder zwar fertig, aber der Erste Weltkrieg verhinderte die Eröffnungsfeierlichkeiten. Erst im Jahr 1920 gab der damalige US-Präsident Woodrow Wilson die Wasserstraße offiziell für den Schiffsverkehr frei – damals waren die USA noch die Besitzer des Panamakanals (1999 gaben sie ihn in vollem Umfang an Panama).

Panama-City in Sicht

Für die Gäste auf der „Fantasia" neigt sich ihre Kanalfahrt, die durch vier Klimazonen führt, dem Ende entgegen: Die Hochhaus-Silhouette von Panama-City kündigt an, dass in wenigen Minuten der Pazifik erreicht ist. Jeder Gast hat für diese ganztägige Kanal-Cruise 170 US-Dollar bezahlt, inklusive Speisen und Getränke. Davon geht zwar nur ein Bruchteil an die Betreiber des Panamakanals. Im Großen rechnet sich das allerdings: 75 US-Dollar werden pro Container fällig, 134 US-Dollar pro Kabine. So kommt ein 5000-Container-Riese auf 375 000 US-Dollar und ein 2000-Kabinen-Kreuzfahrtschiff auf 268 000 US-Dollar pro Passage. Insgesamt werden pro Tag bis zu 6 Mio. Dollar eingenommen – schade für die Ticos, dass die einstigen Pläne verworfen wurden.

Oben: Zwei Ausflugsschiffe passieren den Panamakanal. Unten: Noch lukrativer für die Betreiber des Kanals ist die Durchfahrt riesiger Containerschiffe.

Titan ist der (heutige) Name eines ursprünglich von der deutschen Kriegsmarine eingesetzten, seit 1996 am Panamakanal tätigen Schwimmkrans, der auch unter seinem Spitznamen „Herman the German bekannt" ist.

Fakten & Informationen

Es gibt komplette Panamakanal-Durchfahrten oder Halbdurchfahrten zu buchen. Außerdem kann man auch eine Jacht (mit und ohne Skipper) für eine private Durchfahrt mieten (www.pmatours.net).

Maßstab 1:700.000
0
10km
CARIBBEAN SEA
MAR CARIBE
Boca del San Juan
Punta Castilla
San Juan del Norte
Río San Juan
Boca Río Colorado
Barra del Colorado
Río Colorado
Refugio Nacional de Vida Silvestre Barra del Colorado
Cerro Tortuguero
119
Boca Río Tortuguero
Tortuguero
4
Canta Gallo
Zacatales
Palmitas
Cuatro Esquinas
Carolina
Tica
Maravilla
Parque Nacional Tortuguero
334
Campo Cinco
Millón
Esperanza
Curia
Astua Pirie
Zancudo
Roxana Tres
Río Jiménez
San Antonio
Villa Franca
Irlanda
Golden Grove
Canal de Tortuguero
Parismina
San Luis
Río Jiménez
Anita Grande
Guácimo
Río Reventazón
Río Parismina
Río Pacuare
Jiménez
Mercedes
Pocora
Germania
Peje
Carmen
Perla
San Alberto Nuevo
Manila
Reserva Forestal Matina
Reserva Forestal Cordillera Volcánica Central
Herediana
Cairo
Siquirres
Florida
Sara
Veintiocho Millas
Pacuarito
Santa Marta
Cuatro Millas
Batán
Matina
Boca Río Matina
Punta de Riel
Boca del Pantano (Swamp Mouth)
Lomas
Moravia
Estrada
Larga Distancia
Bajos de Bonilla
Pascua
Bonilla Arriba
Guayacán
Zona Protectora Río Pacuare
Linea B
Zent
Strafford
Reserva Indígena Barbilla-Dantas
Guayabo Arriba
Linda Vista
Búfalo
Río Cuba
Liverpool
Portete
Playa Bonita
1
Puerto Limón
Moín
Isla Uvita
Columbus Landing 1502 September 18th
Lajas
Peralta
Corina
Playa Hermosa
Sandoval
Pueblo Nuevo
Bieneguita
Monumento Nacional Guayabo
Santa Rosa
Tres Equis
Parque Nacional Barbilla
Río Blanco
Colonia Santa Rita
Westfalia
Turrialba
Chitaria
Catie
Cerro Tigre
1617
Petróleo
Trébol
Beverly
Juan Viñas
Pavones
Cabeza de Buey
Río Banano
Bomba
Eslabón
Asunción
Aguas Zarcas
María Luisa
Bananito
La Suiza
Reserva Indígena
Tucurrique
Bajo Pacuare
Finoa Banaga
Pejibaye
Atirro
Tuis
Platanillo
Moravia de Chirripó
Zona Protectora Río Banano
Miramar
San Clemente
Cartago
Hacienda Grano de Oro
Cerro Matama
2251
Aviaros del Caribe
Cerro Silencio
1968
Zona Protectora Cuena Río Tuis
Chirripó Abajo
Limón
Bonifacio
Penshurst
Porvenir
Playa Cahuita
Punta Cahuita
2
Pacuare Arriba
Chirripó
Río Estrella
Finca 7
Guaria
Cahuita
Puerto Vargas
Parque Nacional Cahuita
Pandora
Reserva Indígena Tayní
Vesta
Valle de la Estrella
Dindiri
Carbón
316
Comadre
3
Cerro Tsuitebeta
2378
Cuen
Reserva Forestal Río Pacuare
Reserva Biológico Hitoy Cerere
Valle de Las Rosas
Punta Caliente
Puerto Viejo de Talamanca
Punta Uva
Punta Mona
Cordillera de Talamanca
Cerro Dicbibeta
Bribrí
Hotel Creek
Jardín Botánico Finca La Isla
Manzanillo
Uatsi
Fields
Villa Mills
Parque Nacional Chirripó
Río Telire
Reserva Indígena Telire
Reserva Indígena Talamanca
Shiroles
Olivia
Margarita
Reserva Indígena Cocles
Siberia
Telire
Sepeque
Súretka
Bratsi
Sibube
Gandoca
Valle de Talamanca
Elena
Paraíso
San Miguel
Alaska
Piedra
Río Blanco
Cerro Urán
3333
Coroma
Finca Daytonia
California
Herradura
San José Cabécar
Río Coén
Yorkin
Río Sixaola
3820
Cerro Punibeta
Amubri
Sixaola
Cerro Chirripó
Cerro Nimaso
Katsi
Bris
Barranco
Hortensia
Río Chirripó al Pacífico
Kichuguecha
1093
Namucki
La Ese
San Gerardo de Rivas
Río Yorkin
Guabito
Quebradas
Chimirol
Parque
Isla Grande
Rivas
Alto Lari
Bocas del Toro
San Rafael Norte
Cerro Amí
3295
Internacional
Río Lari
Corina
Sukut
PANAMÁ
San Isidro de El General
Cerro Eli
3097
Cerro Durika
3280
Purisquí
Palma
General Viejo
Cerro Ena
3126
La Amistad
Cedral
Chiles
Santa Elena
Esperanzas
Cerro Cabécar
3030
Guachalaba
Río Teribe
Rosario
Palmares
Cerro Utyum
3078
Reserva Forestal Palo Seco
Santa María
1877

Ein kunterbunter Karibik-Mix

So lang sie auf der Karte auch erscheinen mag: Mehr als 1200 Kilometer ist Costa Ricas Küste insgesamt lang, aber auf die karibische Seite entfallen gerade mal etwas mehr als 200 Kilometer, von denen aber nur ein Drittel zugänglich ist. Denn nördlich von Limón ist Sumpfgebiet – Anlandungen sind dort ausschließlich per Boot oder aus der Luft möglich.

1 Puerto Limón

Die größte Hafenstadt Costa Ricas und der einzige Kreuzfahrthafen auf der Karibikseite ist mit annähernd 100 000 Einwohnern zwar recht groß, doch für Touristen uninteressant, da von vielen Problemen (Armut, Arbeitslosigkeit, Drogen) geplagt. Allerdings ist Puerto Limón Ausgangspunkt für alle Touren entlang der Karibikküste, egal ob in nördlicher oder südlicher Richtung. Ein vielfältiges Angebot ab Puerto Limón bietet die in Costa Rica ansässige Deutsche Gaby Höbart (www.redfrogtours.de).
Vom Hafen, dem Herz der Stadt, blickt man auf die **Isla Uvita**, wo im Jahr 1502 Kolumbus vor Anker ging. Kontrapunkt dazu ist das **Denkmal von Presbere**, dem Anführer des letzten Indianeraufstands, vor dem Rathaus.

VERANSTALTUNGEN

Am 12. Okt. wird eine Woche lang die Ankunft von Kolumbus gefeiert: karibische Party-Stimmung mit viel Bier und Rum.

EINKAUFEN

Außerhalb des **Mercado Central** verkaufen Einheimische Kunsthandwerk. Im Hauptmarktgebäude selbst gibt es reichlich schmackhaft Karibisches, aber auch Praktisches wie Kokosnussöl für den Teint.

Tipp

Abends in Puerto Limón

Der Aufenthalt in Puerto Limón ist nach Einbruch der Dunkelheit nicht ganz ungefährlich. Die Stadt kämpft mit großen sozialen Problemen: Drogen, Prostitution und eine hohe Kriminalitätsrate sind die Folge. Am besten plant man seine Reiseroute so, dass eine Übernachtung dort nicht notwendig ist. Wenn es doch nicht anders geht: Abends besser nicht bummeln gehen und für den Weg vom Hotel zum Restaurant und zurück das Taxi nehmen. In jedem Fall zu beachten sind die Reise- und Sicherheitshinweise des Auswärtigen Amts (stets aktuell abrufbar über www.auswaertiges-amt.de).

Oben: Trucks am Highway 32, der wichtigsten Handelsroute zwischen dem Valle Central und der karibischen Provinz Limón. Rechts oben/unten: Playa Blanca, Nasenbär in Cahuita.

RESTAURANT

Gute karibische Küche mit viel Kokos bietet das Restaurant €€ **Red Snapper**. Gratis dazu: der beste Blick auf Puerto Limón und das Meer. Das Lokal liegt nämlich im höchstgelegenen Stadtteil Santa (Barrio Santa, Tel. 27 58 76 13).

HOTELS

Falls es zeitlich gar nicht anders geht und man in Limón bleiben muss, bietet sich das motelähnliche € **Hotel Costa del Sol** mit sauberen Zimmern an (Avenida 5/Calle 4, Tel. 27 98 72 72, www.hotelcostadelsol-cr.com).
Über abenteuerliche Urwaldwege mit zwei Flussüberquerungen kommt man zur familiären €€ **Selva Bananito Lodge** südl. von Limón, in der sich der deutsche Besitzer Jürgen Stein um jeden Gast persönlich kümmert. 11 Zimmer stehen in dem Öko-Resort zur Wahl – das einzige in Costa Rica, das aus Restholz gebaut wurde (siehe „Unsere Favoriten", S. 115).

INFORMATION

Kleine Info-Box am Kreuzfahrtpier (nur geöffnet, wenn Kreuzfahrtschiffe angelegt haben).

2 Cahuita

Der Lebensstil ist lässig in der 3000-Einwohner-Gemeinde. Aussteiger und Alternative, Langzeit- und Kurzzeiturlauber machen das Publikum aus. Abends gibt's in fast jeder Kneipe Musik, meist Reggae und manchmal sogar live.

SEHENSWERT

Die **Playa Negra** im Norden mit schwarzem und die **Playa Blanca** am südl. Ortsrand mit hellem Sand umgeben den Ort, in dem es außer karibisch-bunt gestrichenen Holzhäusern nicht viel zu entdecken gibt. Die Playa Blanca galt einst als der Traumstrand Costa Ricas. Das Meer hat ihn aber in den letzten Jahren ungefähr 50 m schmaler gemacht. Auch durch das Korallensterben hat die Playa Blanca etwas an Attraktivität verloren. Das 600 ha große Riff, gut zu sehen von der Landzunge Punta Cahuita, gehört wie mehr als 20 000 ha Meeres- und mehr als 1000 ha Landfläche zum Highlight des Ortes, dem **Nationalpark Cahuita** TOPZIEL (tgl. 6.00–17.00 Uhr) südl. vom Dorf. 140 verschiedene Arten an Weichtieren, 44 Arten Krustentiere und 123 Arten Fische wurden dort gezählt. Der Grüne Leguan wird bis zu 55 cm lang, ist aber harmlos. Wenn ihn eine Horde Affen umstellt, macht er auf regungslos und sieht aus wie die Luftwurzel eines Baumes. Jesus-Eidechsen, verschiedene Affenarten, auch die eine oder andere der 138 in Costa Rica lebenden Schlangen sind zu sehen. Mit Glück trifft man auf einen Waschbären oder sieht ein Faultier. Blattschneiderameisen tragen Blattstückchen, die weit größer sind als ihr Körper, Baumtermiten hängen wie Wucherungen an den Stämmen, während am Strand Hunderttausende von Landkrabben hausen. Und in der Luft darf man neben Papageien und Aras auf einen der schönen blauen Morphofalter hoffen.

AKTIVITÄTEN

Allein schon wegen einer Wanderung in den Nationalpark lohnt die Anfahrt. Außerdem gibt's Fahrrad-, Reit-, Surf- und Schnorchelangebote (http://brigittecahuita.ticosweb.com).

RESTAURANT

Grundsätzlich findet man im Ort karibische Küche, aber auch die wichtigen europäischen Länderküchen von Französisch über Schweizerisch bis Italienisch. Wer Langusten mag, geht zu €€ **Roberto**, 200 m nördl. vom Parkeingang (Tel. 27 55 11 48).

Tipp

Zu Fuß nach Panama

Etwa 50 km südlich von Puerto Viejo bietet der Ort **Sixaola** als Grenzposten zu Panama die Möglichkeit, zu Fuß nach Panama zu laufen! Über den Rio Sixaola, die natürliche Grenze zwischen den Ländern, geht eine rund 150 m lange Brücke. Auf der einen Seite wird der Pass von den costa-ricanischen und auf der anderen Seite von den Behörden Panamas abgestempelt. Alle Formalitäten sind problemlos und schnell erledigt. Den Mietwagen kann man sicher und für wenig Geld auf einem bewachten Parkplatz in Sixaola abstellen, denn Fahrten in die Nachbarländer sind seitens der costa-ricanischen Mietwagenfirmen verboten.

Oben: im Nationalpark Tortuguero.
Rechts oben: im Jaguar Centro de Rescate.
Darunter: Coco's Bar in Cahuita.

HOTELS

Näher am Nationalpark als in den hübschen Bungalows der €€€ **Ciudad Perdida Ecolodge** kann man in Cahuita nicht wohnen (Tel. 27 55 03 03, www.ciudadperdidaecolodge.com). Wer näher am Strand logieren möchte: Im Hotel €€€ **La Diosa** unter Schweizer Leitung führen zwei Wege vom Hotelgarten mit Pool direkt zur Playa Negra (Tel. 27 55 00 55, www.hotelladiosa.net).

INFORMATION

Am Nationalparkeingang, tgl. 6.00–17.00 Uhr, Tel. 27 55 04 61.

3 Puerto Viejo

Der Alte Hafen wirkt wie die jüngere Dependance von Cahuita mit mehr Rucksackreisenden, mehr Party, mehr Marihuana, mehr Surfern und mehr internationalem Flair: Zu den einst wenigen Fischern sind in den letzten Jahren Weltenbummler aus rund 40 Ländern hinzugezogen. Samstagvormittags findet immer ein Wochenmarkt statt.

SEHENSWERT

Nördlich und südlich des Dorfes reiht sich ein Strand an den anderen, paradiesisch, und allesamt öffentlich zugänglich. Tagsüber verteilen sich die Touristen, und jeder findet ein ungestörtes Plätzchen im Schatten der üppigen Vegetation mit Blick auf das karibische Meer. Als schönste Playas gelten: die **Playa Cocles** für Surfer und die **Playa Uva** für Schwimmer. Beim Baden sollte man auf die starken Strömungen aufpassen und am besten nicht den Boden unter den Füßen verlieren!

MUSEUM

Der Name führt ein wenig in die Irre, denn das **Jaguar Centro de Rescate** an der Playa Cocles kümmert sich nicht nur um verletzte Wildkatzen, sondern generell um verletzte Tiere. Zuletzt waren es 452, von denen 219 bald wieder in die Natur entlassen werden konnten. Führungen werden Mo.–Sa. jeweils um 9.30 und 11.30 Uhr angeboten; es gibt auch Übernachtungsmöglichkeiten im Center (www.jaguarrescue.foundation).

VERANSTALTUNGEN

Tagsüber einfache Kneipe, nachts laute Disko: So geht das in Puerto Viejo. Aufgelegt wird vor allem Reggae, Calypso und Salsa. Manchmal gibt's auch Beach-Partys.

AKTIVITÄTEN

Wandern, Schnorcheln, Surfen und Tauchen (www.reefrunnerdivers.com).

RESTAURANT UND HOTELS

Im €€ **Lidia's Place** gibt es natürlich Reis und Bohnen, aber auch sehr guten Fisch und Languste mit Knoblauch (Tel. 27 50 05 98). Am besten nächtigt man draußen an den Stränden, etwa in den Palmstrohbungalows des €€€ **Cariblue Beach & Jungle Resort** an der Playa Cocles, 2 km südl. von Puerto Viejo, mit Pool, Spa, Restaurant, Fahrradverleih (Tel. 27 50 05 18, www.cariblue.com). An der Playa Uva, 7 km südl. von Puerto Viejo, ist wegen seiner perfekten Lage direkt am Strand zu empfehlen: €€ **Cabinas Punta Uva**, rustikal aus Holz und mit großer Veranda gebaut (Tel. 27 59 91 80, www.cabinaspuntauva.com).

INFORMATION

www.puertoviejosatellite.com

4 Tortuguero

Rund 1200 Einwohner machen die Minimetropole des Dschungel-, Sumpf- und Kanalgebiets der nördl. Karibikküste aus. Nur dort ist die Zivilisation in die Natur eingedrungen, nur dort gibt es eine Landebahn für Buschflugzeuge. Dorf und Umgebung sind ausschließlich per Boot oder Flugzeug zu erreichen.

SEHENSWERT
Das Dorf selbst ist zwar Zentrum der Gegend, aber ohne touristische Attraktionen. Nördl. des Flughafens ragt mit 119 m der **Cerro Tortuguero** aus der Ebene empor, die höchste Erhebung an der Karibikküste. Wer zur Aussichtsplattform aufsteigen will, muss sich von seinem Hotel einen Guide organisieren lassen. Unangefochten im Zentrum des Interesses steht jedoch der artenreichste Nationalpark Costa Ricas: Den **Nationalpark Tortuguero** **TOPZIEL** (tgl. 6.00–16.00 Uhr) kann man zu Fuß oder per Boot erkunden und u. a. den Grünen Ara, den kleinen Pfeilgiftfrosch, massive Seekühe, noch mächtigere Tapire oder in der Sonne dösende Krokodile und Kaimane entdecken, mit viel Glück auch eine der sechs Wildkatzenarten, darunter der Jaguar, und ganz sicher viele Affen sowie eine stattliche Anzahl der 450 Vogelarten. Am besten paddelt man selbst durch die von Mangroven gesäumten Flüsse und Kanäle, etwa auf dem **Caño Chiquerro** oder dem **Caño Mora** (siehe DuMont-Aktiv, rechts), und umgeht so die lauten motorisierten Ausflugsboote. Wenn es ungewöhnlich gut riecht, ist garantiert der Ylang-Ylang-Baum *(Cananga odorata)* in der Nähe, aus dessen intensiv-süßlich duftenden Blüten Parfüm gemacht wird. Schildkrötenzeit ist jeweils Juli bis Oktober. Der Nationalpark, bestehend aus Meeresabschnitten, Strand, Seen, Flüssen und Kanälen, ist gut 75 000 ha groß, wovon ein Drittel Landmasse ist.

MUSEUM
Das **Sea Turtle Conservancy** am nördl. Ende des Dorfs erklärt mit Schautafeln und einem Video Wissenswertes über die Meeresschildkröten und ihr Verhalten (tgl. 10.00–12.00 und 14.00–17.00 Uhr, https://conserveturtles.org).

RESTAURANTS
Karibisches Hähnchen und frische Langusten gibt es im Ort bei **€€ Miss Miriam** (Tel. 27 09 80 02), oder man speist sehr romantisch auf dem **€€€€ Katonga Floating Restaurant**, das während Lunch oder Dinner ruhig durch die Kanäle von Tortuguero schippert (Reservierung erforderlich, Tel. 27 90 81 81).

HOTELS
Die **€€€€ Mawamba Lodge** liegt 1 km nördl. vom Dorf, direkt an der Lagune und mit Zugang zum Strand. 58 komfortable Zimmer, schöner Pool (siehe „Unsere Favoriten“, S. 115).
Wer es einfacher und viel günstiger mag, geht zur deutschen Besitzerin der **€ Cabinas Tortuguero**, die 11 saubere, ruhige Zimmer und einen schönen Garten am Nationalparkeingang anbietet (Tel. 27 09 81 14).

UMGEBUNG
Barra del Colorado liegt 25 km nördl. von Tortuguero kurz vor der Grenze nach Nicaragua. Der kleine Ort ist ein Zentrum für Sportfischer mit entsprechender Infrastruktur.

INFORMATION
Am Nationalparkeingang, tgl. 6.00–16.00 Uhr, Tel. 27 09 80 86, http://tortuguerovillage.com

Genießen Erleben Erfahren

DuMont Aktiv

Paddeln und Staunen

Von wegen: eins, zwei, eins, zwei ... Der kleine Käfer macht's richtig: Er hat sich ein Blatt als schiffbaren Untersatz zu eigen gemacht und treibt gemütlich auf dem Wasser. Die vergleichsweise riesigen Kanus, die vorsichtig an ihm vorbei gleiten, scheinen ihn nicht zu stören.

Im Kanu durchs Paradies der Tortuguero-Kanäle: Das sanfte Eintauchen des Paddels ins Wasser erzeugt eine lässig-ruhige Atmosphäre, die der Guide direkt hinter einem im Boot mit Informationen ergänzt. Hier eine Flussschildkröte, dort eine anmutig in die Höhe strebende Kletterpflanze. Nur für die Brüllaffen bedarf es keines Hinweises. Sind welche da, sind sie einfach nicht zu überhören.

Für unerfahrene Kanuten könnte die eine oder andere Strömung in den Kanälen ein Problem sein. Deshalb sitzt bei den Touren der Guide als erfahrener Paddler hinten und steuert das Kanu, was so manchen Gast dazu verleitet, mehr zu schauen und zu fotografieren als zu paddeln. Wie der Käfer lassen sie sich lieber treiben ... Es gibt doch so viel zu bestaunen und zu knipsen: Kaimane, die mit offenem Maul in der Sonne dösen, Leguane in Grün und Grau, Faultiere in allen Schlafenszuständen, giftige Schlangen, harmlose Reiher, eine Unmenge von Vögeln. Einige scheinen den inoffiziellen Gesangswettbewerb „Best of Caribbean“ auszutragen.

Und so könnte man nach der Paddel-Tour in den Tortuguero-Kanälen ganz überzeugend behaupten, dass sie fast eine Reise auf dem Amazonas ersetzen kann. Die besten Exkursionen starten übrigens früh morgens gegen 6.00 Uhr. Dann es ist noch nicht so heiß und die Tierwelt sehr aktiv.

Weitere Informationen

Dauer: drei Stunden, kombinierbar mit einer 2,5-Stunden-Waldwanderung.
Preis zusammen: 55 US-Dollar, sonst 30 für Kanu und 25 fürs Wandern;
Tel. 88 42 65 61, www.tinamontours.de

Hotels, Resorts und Lodges

Hier bleiben wir!

Eine rustikale Lodge, abgelegen im Regenwald. Ein feines Hotel, das alles bietet. Und ein romantisches Resort zum Verlieben: Die Auswahl an tollen Unterkünften in Costa Rica ist groß. Deshalb hier ein paar subjektive Empfehlungen, wohl wissend, dass es teurere und coolere Resorts gibt, die aber nicht so schön liegen …

1 Nayara Springs

Vom Bett direkt in den eigenen Pool: Das Nayara Springs im Schatten des Vulkans Arenal ist das beste Resort im Land und spielt mit den Weltklasse-Resorts in Bali oder Thailand in einer Liga. Jede der Villen hat eine uneinsehbare Terrasse mit privatem Pool, der mit warmem Thermalwasser gespeist wird. Der Garten ist bepflanzt, als wäre man in einem botanischen Garten. Wunderschöne Zimmer, Riesenbäder und innen wie außen jeweils zwei Duschen für gemeinsamen Badespaß. Der Wäscheservice ist im Preis inkludiert. Das Verlieben ins Resort auch. Nur für Erwachsene.

Nationalpark Arenal, Tel. 24 79 16 00, www.nayarasprings.com

2 Rio Celeste Hideaway

Wer sich mitten im Dschungel ansiedelt und noch dazu oberhalb des wegen seiner blauen Farbe so berühmt gewordenen Rio Celeste, der darf seine 26 geräumigen und komfortablen Bungalows mit Veranda und Dschungelblick getrost Hideaway nennen. Rund um den schönen Pool blubbern vier Jacuzzis. Das offene Restaurant könnte etwas besser, der Service vielleicht aufmerksamer sein. Aber was zählt, ist der Zugang zum Fluss, in dem man herrlich baden kann.

Nationalpark Tenorio, Tel. 22 06 40 00, www.riocelestehideaway.com

3 Lagarta Lodge

Die Sonne plumpst orangerot in den Pazifik. Eine Flasche rubinroten Merlots macht plopp. Und der Wind schickt eine laue Brise für einen perfekten Abend. Die Lage der Lodge ist fantastisch: Der Pazifik und die Playa Nosara liegen wie eine Theaterkulisse unterhalb des Hauses mit schönem Pool und dem Terrassenrestaurant, das jeden Romantik-Wettbewerb gewinnen würde. Aber Hoteldirektor Allan Ortega sagt: „Für die Mehrheit unserer Gäste ist nicht nur unsere Lage, sondern auch unser ökologisches Engagement ein wichtiger Punkt, zu uns zu kommen“. Gut, das unterschreiben wir.

Nosara, Halbinsel Nicoya, Tel. 26 82 00 35, www.lagartalodge.com

4 Rancho Humo

Auch eine echte Ranch im weiten, trockenen Land der Sabañeros darf nicht fehlen, wenn es um unsere Favoriten geht. 26 Kilometer staubige Piste führen zu den zehn modern eingerichteten Zimmern mit Panoramafenstern für den unverstellten Blick über die Veranda hinweg auf die Savanne. Die Ranch ist bewirtschaftet. Der Pool ist klein, die Atmosphäre groß. Jeden Tag gibt es Exkursionen per Jeep oder Boot in den Nationalpark Palo Verde mit der größten Krokodilpopulation in Costa Rica.

Nationalpark Palo Verde, Tel. 21 05 54 00, http://ranchohumo.com

5 Casa Corcovado

Abgelegener geht's nicht: Keine Straße weit und breit, und die wunderschöne Bootsfahrt dauert zwei Stunden. Die Casa Corcovado ist eine echte Dschungel-Lodge, bietet jedoch viel Komfort (2 Pools), eine bewirtschaftete Sonnenuntergangsplattform und einen Traktor, der Mensch und Koffer vom Meeressaum aufs Plateau bringt. Wegen der abgeschiedenen Lage können nur Packages gebucht werden: mit Transfers, Vollpension, Exkursionen. Absolut lohnenswert!

Nationalpark Corcovado, Tel. 22 56 31 81, https://casacorcovado.com

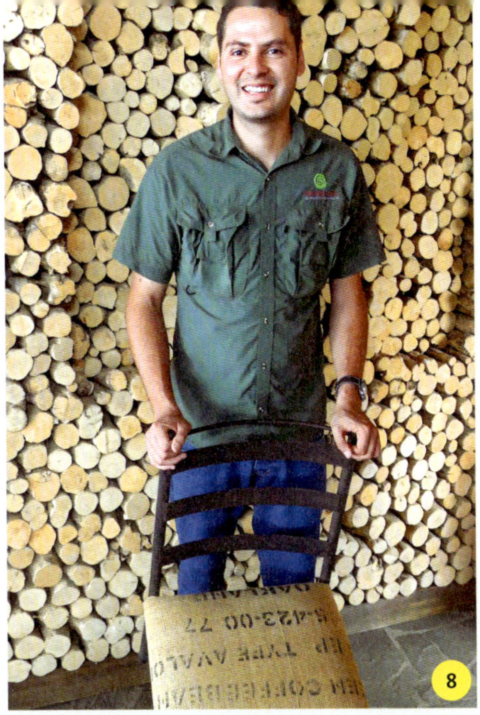

6 Selva Bananito Lodge

Das Wasser spritzt hoch, wenn der Jeep durchs Flussbett fährt, ehe man nach weiteren abenteuerlichen Urwaldwegen im Nirgendwo ankommt: Dann steht der Deutsche Jürgen Stein vor einem, und in wenigen Minuten ist man Teil der Familie. Elf sehr schöne Zimmer mit Moskitonetzen und Hängematten auf den Terrassen stehen in dem Öko-Resort zur Wahl. Auch in diesem Fall macht die Abgeschiedenheit Packages erforderlich. Ein herrlicher Platz!

Bananito Sur, südlich von Puerto Limón, Tel. 83 36 63 63, www.selvabananito.com

7 Mawamba Lodge

Im Osten liegt die Karibik, im Süden ein Dorf, im Westen einer der Tortuguero-Kanäle und im Norden unzugängliche Wildness: Mit 58 komfortablen Zimmern ist die Lodge zwar vergleichsweise groß, aber Charme und Lage lassen das Resort mit Pool trotzdem in unsere Favoriten rutschen. Alle Zimmer sind bewusst ohne TV, Radio und Klimaanlage, aber mit Ventilator. Im Package sind Fluganreise nach Tortuguero, Vollpension und Exkursionen beinhaltet.

Nationalpark Tortuguero, Tel. 27 90 81 81, www.mawamba.com

8 Chayotte Lodge

Eine Nacht in einem der schräg gebauten ehemaligen Kaffeelagerhäuser hat schon was. Die Atmosphäre in den Holzbauten mitten in einer Kaffeeplantage und mit Blick auf den Vulkan Poás sowie auf zwei kleinere Vulkane sind der Grund für die Nominierung auf dieser Seite. Natürlich sind die Zimmer auch komfortabel ausgestattet und stehen auf originelle Weise stets im Zusammenhang mit dem Thema Kaffee. Ein Platz zum Wohlfühlen.

Llano Bonito, nördlich von Naranjo, Tel. 40 01 69 23, www.chayotelodge.com

9 Finca Rosa Blanca

Noch ein Kaffeeplantagen-Resort, aber ganz anders: Dort geht es um luxuriöses Wohnen, um Kunst und Design, etwa durch Wandgemälde oder lokales Kunsthandwerk. Sehr geschmackvoll gestaltete und große Zimmer mit übergroßen Terrassen und herrlichen Ausblicken auf die umliegenden Berge und Plantagen. Auch hier bleiben wir sehr gerne ...

Santa Bárbara, nördlich von San José, Tel. 22 69 93 92, www.fincarosablanca.com

10 Grano de Oro

Ein Stadthotel muss auch in diese Auswahl, und die Goldbohne, wie diese Finca am Stadtrand von San José übersetzt heißt, kann es mit dem schönen Innenhof, den plätschernden Brunnen, alten Fotos in Goldrahmen und allen modernen Annehmlichkeiten gut und gerne mit den anderen Vorschlägen auf dieser Doppelseite aufnehmen, zumal die meisten Zimmer ein Patio haben und man im hauseigenen Restaurant speisen kann: Es gilt als das Beste im Land ...

San José, Calle 30/Avenida 2, Tel. 22 55 33 22, www.hotelgranodeoro.com

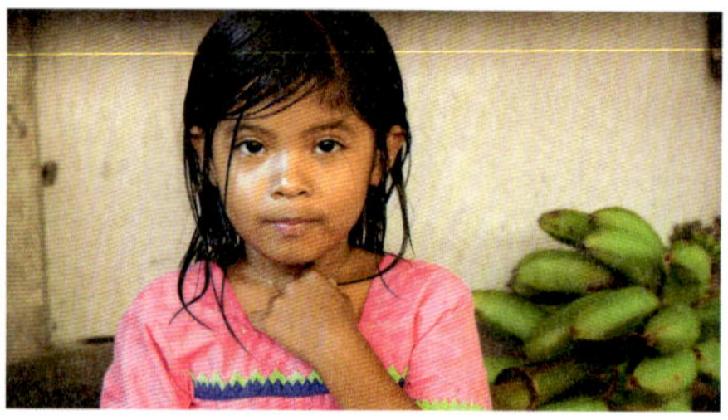

Die Guaymí oder Ngobe-Bugle sind ein indigenes Volk in Costa Rica und Panama (oben), Reis und Bohnen die Hauptbestandteile der Landesküche (rechts oben). Rechts: Imbissstand auf dem Mercado Central in San José.

Service

Praktische Informationen für die Reise und einiges Wissenswerte über Costa Rica haben wir hier für Sie zusammengetragen.

An- und Einreise

Anreise: erfolgt am besten mit Condor, dreimal wöchentlich von fast allen deutschen und den großen österreichischen und Schweizer Flughäfen via Frankfurt zu San Josés internationalem Airport Juan Santamaria. Die Preise für den Hin- und Rückflug beginnen bei 710 € in der Economy-Class, 900 € in der durchaus empfehlenswerten Premium Economy mit deutlich mehr Raum und besserem Essen sowie 2000 € in der sehr komfortablen Business-Class. Da der Flug gut 14 Std. dauert, ist es auch eine Überlegung wert, sogenannte XL-Sitze zu buchen – Plätze am Notausgang mit sehr viel mehr Beinfreiheit, die ab 80 € pro Strecke, zusätzlich zum Economy-Tarif, zu haben sind (genaue Informationen unter www.condor.com/de/fliegen-geniessen/an-bord/sitzplaetze.jsp). Condor-Flüge können in allen Reisebüros, online unter www.condor.com oder telefonisch unter Tel. 01806 76 77 67 gebucht werden. Die Lufthansa-Verbindung Frankfurt–San José ist mit Preisen ab 880 € in der Economy-Class deutlich teurer. Unbedingt abzuraten ist von Umsteigeverbindungen, die über die USA gehen. Man ist kein Transitpassagier, sondern muss in den USA die komplette Ein- und Ausreiseprozedur mitmachen, was einen hohen Zeit- und Nervenaufwand bedeutet.
Einreise: Es genügt ein noch mindestens sechs Monate lang gültiger Reisepass. Die maximale Aufenthaltsdauer ohne Visum beträgt 90 Tage.

Auskunft

Vor Ort gibt es – abgesehen von sehr wenigen Ausnahmen und Info-Ständen an den Nationalparkeingängen – keine Informationsbüros für den Publikumsverkehr. Diese Aufgaben übernehmen häufig und im Rahmen ihrer Möglichkeiten sowie Interessen die Hotels, insbesondere die Lodges mit Exkursionsangebot, und die Tourveranstalter. In der Hauptstadt steht das **Oficina de turismo** zur Verfügung, Avenida Central/Calle 1, tgl. 8.00–17.00 Uhr, Tel. 22 22 10 90, www.visitcostarica.com.

Botschaften/Konsulate

Deutsche Botschaft (Embajada de Alemania) in San José: Torre Sabana, Tel. 22 90 90 91, www.botschaft-konsulat.com/diplo/979/Deutschland-in-San-Jose.
Österreichisches Honorargeneralkonsulat (Consulado General de Austria) in Herida: Residencial Bosque Dona Rosa 50/Casa E 3, Tel. 22 39 36 16.
Schweizer Botschaft (Embajada de Suiza) in San José: Paseo Colón, Tel. 22 21 48 29.

Elektrizität

110 Volt; die Steckdosen sind für nordamerikanische Flachstecker ausgelegt. Adapter sind daher notwendig.

Essen und Trinken

Essen: Costa Rica gehört definitiv nicht zu den Haute-Cuisine-Regionen der Welt. Gegessen wird bodenständig. Selbst im wohl besten Restaurant des Landes, dem „Grano de Oro" in San José, wo seit gut 20 Jahren mit Francis Canal Bardot ein Franzose am Herd steht, gibt es traditionelles Tico-Essen wie die schwarze Bohnensuppe – neben Klassikern wie Chateaubriand aus Bardots Heimat.
Die Comida típica, die traditionelle Landesküche, lässt sich schnell und mit wenigen Bestandteilen charakterisieren: Mais, Maniok und Kochbananen gehören dazu sowie vor allem Reis und Bohnen. Das Ergebnis lautet dann Gallo Pinto zum Frühstück und Casado zum Mittag- oder Abendessen – dann angereichert mit Fisch, Huhn oder Fleisch. Es ist das Nationalgericht (siehe auch das Special auf S. 51). Typisch für die Karibikküste: Dort kommt immer noch Kokosnuss dazu. Allgegenwärtig ist Olla de Carne, ein Fleisch-Gemüseeintopf, zu dem man gerne das verwendet, was gerade im Haus ist. Ensalada de Palmitos, gemacht aus Palmherzen, Tortillas und andere mexikanische Gerichte sowie an den Küsten Fisch, gebraten, gegrillt oder als Ceviche, sind häufig auf den Speisekarten zu finden. Ceviche ist ein ursprünglich peruanisches Gericht mit hauchdünn geschnittenen Fischfilets, die mit Zitrone, Knoblauch und Zwiebeln mariniert sowie roh gegessen werden. Ein Festtagsgericht: Tamales (Maistaschen mit Fleischstückchen in Bananenblätter gewickelt). Zum Nachtisch gibt es Reispudding, Kuchen, Eiscreme oder Miel de Ajote (aus Melonen und Zuckerrohr).
Trinken: Neben Wasser, selten mit Kohlensäure, und Bier sind vor allem frisch gepresste Säfte (Ananas, Guave, Mango, Maracuja, Melone oder Sternfrucht) zum Essen gefragt, auch Zuckerrohrsaft und Agua de Pipa, Kokosnusswasser, das man direkt aus der grünen Nuss trinkt. Frisch geköpfte Kokosnüsse werden oft auch direkt an der Straße an kleinen Ständen angeboten. Weine, vor allem aus Chile und Argentinien, gibt es ebenfalls. Und ein Kaffee darf zum Finale nicht fehlen, häufig gibt's dazu auch ein Gläschen Rum.

Masken spielen in der Tradition des Landes eine große Rolle. Bei allen Festen wie hier der Ochsenkarrenparade in San Antonio de Escazú sind sie zu sehen. Meist präkolumbialen oder kolonialen Ursprungs, verkörpern sie mythische oder historische Figuren.

Feiertage und Feste

1. Jan.: Neujahr.
2. Jan.: Fiesta de los Diablitos mit Teufelsmasken in Alajuelita.
Februar: Karnevalsfeierlichkeiten und Paraden, bsonders ausgelassen in Puntarenas.
2. So. im März: Dia del Boyero in San Antonio de Escazú (Ochsenkarrenparade).
Ende März/Anfang April: Ostern; Do. und Fr. vor dem Ostersonntag sind gesetzliche Feiertage, an denen nicht einmal Busse verkehren. In der Karwoche (Semana Santa) haben die meisten Geschäfte geschlossen.
11. April: Día de Juan Santamaría, der Tag des Nationalhelden aus Alajuela, der 1856 im Kampf gegen William Walker starb. Der Söldner Walker versuchte Mitte des 19. Jh. mehrere Staaten in Mittelamerika zu erobern.
1. Mai: Tag der Arbeit.
15. Mai: Día de San Isidro Labrador. Am Tag des Schutzpatrons der Bauern gibt es Feiern im ganzen Land mit Segnung von Tieren und der Ernte plus Märkten und Paraden.
Juli: Fiesta de la Virgen del Mar an der Playa del Coco und in Puntarenas – Bootsprozessionen zu Ehren der Schutzpatronin der Fischer.
2. Aug.: Tag der Virgen de los Angeles, der heiligen Schutzpatronin von Costa Rica, mit landesweiten Wallfahrten nach und religiösen Prozessionen zur Basilika in Cartago.
15. Aug.: Día de la Madre (Muttertag) und Mariä Himmelfahrt.
15. Sept.: Unabhängigkeitstag mit Paraden und Feierlichkeiten. Die Fackel als Symbol der Freiheit wird aus Nicaragua durch Staffelläufer nach Cartago gebracht. Um 18.15 Uhr unterbrechen landesweit alle Ticos ihre Tätigkeit, um die Nationalhymne zu singen. Am Vorabend finden oftmals auch schon Fackelumzüge statt.
12. Okt.: Día de la Raza, Kolumbus-Tag. Besonders in Limón wird im karibischen Stil mit Tänzen, Paraden und Konzerten eine ganze Woche lang Party gemacht.
Weihnachten: Vom 24. Dez. bis Neujahr bleiben die meisten Geschäfte geschlossen.

Fotografieren

Der Regenwald bietet dem Hobbyfotografen extreme Lichtverhältnisse mit viel Schatten und wenig Licht. Blitzen hilft häufig wenig – besser die Motive so wählen, dass alles im Schatten oder alles im Licht ist. So kann man sie zu Hause am Computer aufhellen oder abdunkeln. Für die Tierfotografie hat sich in den letzten Jahren das Digiscoping als sehr praktikabel erwiesen: Der Nature Guide fotografiert dabei mit dem Smartphone seines Gastes durch sein Teleskop. So kommt man auch fotografisch ganz nahe an viele Tiere heran. Und das Ergebnis sind häufig bessere Bilder als solche, die mit einem lichtschwachen Zoom gemacht wurden. Ansonsten gilt wie immer, wenn man Einheimische fotografieren möchte: vorher fragen. Das kann auch mit einem einfachen Blickkontakt geschehen.

Geld und Kreditkarten

Landeswährung ist der Costa-Rica-Colón (CRC). Banknoten sind zu 1000, 2000, 5000, 10 000, 20 000 und 50 000 Colones im Umlauf, Münzen zu 5, 10, 25, 50, 100 und 500 Colones. Abhebungen von **Geldautomaten** via EC- oder Kreditkarte sind möglich. € und US-Dollar wechseln fast alle **Banken** (Mo.–Fr. 9.00–15.00 Uhr). Es ist ratsam, erst im Land zu wechseln, um von einem besseren Kurs zu profitieren. Als Zahlungsmittel wird in vielen Hotels, Restaurants und Geschäften, selbst an Straßenständen, der US-Dollar akzeptiert. Die Mitnahme von US-Dollar, besonders in kleinen (und nicht verschmutzten oder verknitterten) Scheinen, ist deshalb empfehlenswert. Die meisten Hotels, Restaurants, Reiseagenturen und Mietwagenfirmen akzeptieren die gängigen **Kreditkarten**, allerdings teilweise mit erheblichen Gebühren. Vor Fahrten ins Hinterland ist es sinnvoll, ausreichend Colónes mitzunehmen. Den Verlust seiner Kreditkarte so schnell wie möglich beim Sperrnotruf unter Tel. +49 11 61 16 melden (www.sperr-notruf.de).

Info

Daten & Fakten

Einwohner: 4,9 Mio. Zwei Drittel der Bevölkerung lebt in San José und im Valle Central. Das Bruttoinlandsprodukt beträgt pro Kopf und Jahr 11.835 US-Dollar. Damit belegt Costa Rica weltweit Platz 62 und liegt in etwa auf einem Niveau wie Polen und Kroatien. Drei Viertel der Bewohner sind katholisch, dazu kommen 14 % Protestanten und 11 % andere Glaubensrichtungen sowie Atheisten. Costa Rica hat mit 3,8 % die niedrigste Analphabetenquote in Lateinamerika und liegt damit auf einem Level wie Israel oder Taiwan. Das Land verzeichnet mit 79,5 Jahren auch die höchste durchschnittliche Lebenserwartung in Mittelamerika und liegt damit sogar noch vor den USA mit 78,5 Jahren.
Geografie: Mit 51 000 m² Fläche ist Costa Rica etwa so groß wie das deutsche Bundesland Niedersachsen. Costa Rica gehört zu Mittelamerika und liegt zwischen Nicaragua im Norden, Panama im Süden, dem Pazifik im Westen und dem Karibischen Meer (einem Nebenmeer des Atlantiks) im Osten. Die beiden Ozeane sind an der schmalsten Stelle des Landes nur 118 km Luftlinie voneinander entfernt. Die Nord-Süd-Achse beträgt längstens 464 km Luftlinie. Bergzüge von Nordwesten bis in den Südosten bestimmen weitgehend das Inland. Die höchste Erhebung des Landes ist der Cerro Chirripó mit 3820 m ü.d.M.
Politik: Costa Rica ist eine Präsidialrepublik. Das Volk wählt seinen Präsidenten alle vier Jahre direkt. Eine anschließende Wiederwahl ist nicht gestattet. Seit 2014 ist Luis Guillermo Solís Präsident, gewählt mit 77,8 % der abgegebenen Stimmen. Die Gewaltenteilung von Exekutive, Legislative und Judikative ist ein wichtiger Bestandteil des politischen Systems und funktioniert sehr gut. Costa Rica ist ein Land ohne Militär. Die so eingesparten Mittel werden für Bildung und Gesundheit eingesetzt: ein Grundstein für den in Mittelamerika noch immer einzigartigen sozialen Wohlfahrtsstaat.
Wirtschaft: Der Tourismus ist der wichtigste Devisenbringer des Landes, sorgt aber nur für etwa 6,6 % des Bruttoinlandsprodukts. Rund 2 Mio. Gäste besuchen das Land jährlich, davon kommen etwa 68 000 aus Deutschland. Dienstleistungen (61,1 %) und Industrie (26,0 %) erwirtschaften den Hauptanteil am Bruttoinlandsprodukt, gefolgt von der Landwirtschaft (8,8 %). Insbesondere Bananen, Ananas, Kaffee und Palmöl sind in diesem Sektor von Bedeutung. Costa Rica ist der zweitgrößte Bananenexporteur der Welt und der führende Ananasexporteur. Die Stromerzeugung Costa Ricas wird fast ausschließlich durch erneuerbare Energien gedeckt (Wasserkraft, geothermische Quellen, Windkraft, Biomasse, Solar-Energie).

Oben links/rechts: Luna Lodge, Carate. Unten links: Hotel Tango Mar (Halbinsel Nicoya).

Unten rechts: La Paz Waterfall Gardens & The Peace Lodge, Vara Blanca, Alajuela.

Gesundheit

Impfungen sind nicht vorgeschrieben. Empfehlenswert sind trotzdem die üblichen Vorbeugemaßnahmen gegen Tetanus, Hepatitis und Polio. Das Malaria-Risiko ist landesweit zwar gering, an der Karibikküste jedoch höher. Ähnliches gilt für Dengue-Fieber mit höherem Risiko um Puntarenas, auf den Halbinseln Nicoya und Osa sowie an der Karibikküste. Leitungswasser sollte man besser nicht trinken, Obst gründlich waschen oder schälen. Guter Sonnenschutz und Moskito-Repellents sind ein absolutes Muss, auf Hikes neben dem Wasser immer auch ein Shirt zum Wechseln mitnehmen. Costa Rica verfügt über eine gute medizinische Infrastruktur, die auf europäischem Niveau ist. Aber: Die Kosten für eine Behandlung in Costa Rica werden von den gesetzlichen Krankenkassen in Deutschland, Österreich und in der Schweiz nicht übernommen. Der Abschluss einer privaten **Auslandskrankenversicherung** (idealerweise mit Absicherung eines evtl. nötigen Rücktransports) ist unbedingt erforderlich. Einige Kreditkarten haben eine solche Auslandskrankenversicherung inkludiert. Über den Leistungsumfang sollte man sich jedoch noch vor der Reise informieren.

Hotels

Costa Rica ist kein Billigreiseland. Es gibt zwar sehr günstige Pensionen (ab etwa 20 € für ein Doppelzimmer pro Nacht), doch die entsprechen nicht dem europäischen Komfortstandard. In einfachen Hotels zahlt man mindestens das Dreifache. Vier-Sterne-Resorts sind nirgends unter 120 € zu haben. Luxus-Resorts können, wie überall auf der Welt, bis zu 500 € und mehr kosten. Wer Wert auf nachhaltige touristische Angebote legt, orientiert sich an dem vom Staat vergebenen Nachhaltigkeitszertifikat CST (Certificación para la Sostenibilidad) und speziell bei Hotels an den 5 Leaves, den fünf Blättern. In den Hotels ist in der Regel überall das Frühstück inkl., aber nicht immer auch die Steuer von knapp 17 %. Hotelempfehlungen siehe Infoseiten der einzelnen Kapitel. Nicht wundern: Straßennamen sind, abgesehen von San José und einigen wenigen größeren Städten, unüblich in Costa Rica.

Preiskategorien

€€€€	Doppelzimmer	über 150 €
€€€	Doppelzimmer	100–150 €
€€	Doppelzimmer	50–100 €
€	Doppelzimmer	bis 50 €

Kinder

Die Ticos lieben Kinder. Das macht vieles im Hotel, Restaurant oder generell auf Reisen einfacher. Das rege Tierleben mit Affen und Faultieren, die schönen Strände und Angebote wie Seilbahnen im Dschungel und Surfen lernen lassen kaum Langeweile aufkommen.

Kommunikation

Die Telefonvorwahl von Costa Rica lautet 00506. Eine Städtevorwahlnummer gibt es nicht. Die meisten Hotels und viele Restaurants bieten ein kostenfreies Wlan, sodass man mit dem eigenen Handy und entsprechenden Anbietern wie Skype gebührenfrei, auch nach Deutschland, telefonieren kann. Die Netzabdeckung im Land ist bis auf einige abgelegene Gebiete gut. Bei Auslandstelefonaten immer auch auf die Zeitverschiebung achten: Deutschland plus 7, im Sommer plus 8 Std.!

Öffnungszeiten

Geschäfte haben in der Regel Mo.–Sa. 8.00 bis 18.00, große **Supermärkte** häufig bis 22.00 Uhr oder länger geöffnet. **Banken** sind Mo.–Fr. 9.00–15.00 Uhr geöffnet, **Büros** Mo.–Fr. 8.00 bis 17.00 sowie Sa. bis 12.00 Uhr.

Reisezeit

Costa Rica hat wegen seiner topografischen Extremlage kein einheitliches Klima. An den Küsten und im Tiefland ist es tropisch schwül mit Temperaturen um die 30 Grad, während im Hochland der ewige Frühling mit 18 bis max. 25 Grad herrscht. Allerdings kann es in den Hochlagen auch schon mal zu Nachtfrost kommen. Trockenzeit ist von Dez. bis April, sonst regnet es häufiger, besonders nachmittags, aber nur ganz selten den ganzen Tag. An der Karibikseite gibt es keine Trockenzeit; es regnet fast jeden Tag meist heftig, aber nur kurz. Hauptsaison ist zwischen Dez. und April, wobei man Dez. bis Feb. wegen der hohen Preise besser meiden sollte oder zumindest lange im Voraus buchen. Auch die Monate Mai bis Aug. eignen sich gut für Reisen nach Costa Rica.

Restaurants

Günstiges und immer typisches Essen wird in **Sodas** gereicht – einfache Esslokale, die es überall im Land gibt. **Restaurantes** sind deutlich teurer, aber nicht immer zwangsläufig besser. Internationale Küche kann man nur in San José und in den Touristenzentren erwarten. In der Regel werden 23 Prozent Steuer und Service extra berechnet. Einige ausgewählte Restaurantempfehlungen finden Sie auf den Infoseiten der einzelnen Kapitel.

Preiskategorien

€€€€	Hauptspeisen	über 30 €
€€€	Hauptspeisen	15–30 €
€€	Hauptspeisen	10–15 €
€	Hauptspeisen	bis 10 €

Sicherheit

Costa Rica gilt als das sicherste Land in Zentralamerika. Trotzdem warnt das Auswärtige Amt: „Reisenden sollte bewusst sein, dass die Gefährdung durch Kriminalität in Costa Rica

Info

Reisedaten

Ortszeit: Plus 7 Stunden zur MEZ, im Sommer plus 8 Stunden.
Sprache: Spanisch. Englisch wird verstanden, aber meistens nur in der Stadt oder in Touristenzentren und sehr selten auf dem Land.
Währung und Wechselkurs: Costa-Rica-Colónes (CRC). 1 € = 648 CRC(Nov. 2017).
Währungsrechner: www.oanda.com/lang/de/currency/converter/

nicht mit europäischen Verhältnissen vergleichbar ist und mit einer höheren Gewaltbereitschaft gerechnet werden muss. Dies gilt vor allem nach Einbruch der Dunkelheit." Deshalb sollte man auf jeden Fall Nachtfahrten oder nächtliche Spaziergänge vermeiden und den Mietwagen – auch tagsüber – nur auf umzäunten und bewachten Parkplätzen abstellen. Eine Kopie des Reisepasses sollte man immer mit sich führen und den Pass selbst im Hotelsafe lassen, wo am besten auch alle weiteren Reisedokumente sowie eine Ersatz-Kreditkarte aufbewahrt werden. Nützlich können auch Fotos von allen Dokumenten sein, die man in seinem Handy abspeichert. Schmuck ist zu Hause am besten aufgehoben.
Wenn es zu einem Überfall kommt, ist Gegenwehr lebensgefährlich! Da es sich in der Regel um Beschaffungskriminalität handelt, sollte man am besten mindestens 20 US-Dollar griffbereit haben, etwa in der Brusttasche, und diese sofort herausgeben. Auf diese Weise kann Schlimmeres verhindert werden.
Die Touristenpolizei ist jederzeit über die kostenlose Notrufnummer 911 (meistens auch englischsprachig) erreichbar und steht in Not geratenen Touristen zur Verfügung.

Souvenirs

Kunsthandwerk, Keramiken, Schalen aus Kokosnussholz, Webereien, Pura-Vida-T-Shirts, handgemachte Seifen mit exotischem Fruchtduft, Wellness-Öle aus Palmöl, Briefpapier aus Bananenblättern und natürlich Öko-Kaffee aus dem Hochland sind beliebte und schöne Mitbringsel. Empfehlenswert ist ein Kauf auf dem Mercado Central in San José, bevor es wieder nach Hause geht.

Sport

Vom Abseilen an Felswänden (www.visitcostarica.com/it/node/21344) bis zum Yoga auf Plattformen im Regenwald (www.yogafinder.com) ist in Costa Rica einiges an Möglichkeiten vorhanden. So z. B. Bungee Jumping (www.bungee.co.cr), Canopy in vielen Parks (www.canopytour.com), Fußball in wirklich jedem Ort im Land, Gleitschirmfliegen (www.skyhigh-costarica.com), Mountainbiking (www.bikearenal.com), Windsurfen/Kitesurfen (www.ticowind.com), Tauchen (www.deepblue-diving.com). Einige ausführlicher beschriebene Empehlungen finden Sie auf den Infoseiten dieses Hefts in der Rubrik DuMont-Aktiv, diverse Wassersportarten stellen wir Ihnen als „Unsere Favoriten" auf den S. 72/73 vor. Baden und Schwimmen kann man an vielen sehr schönen Sandstränden; allerdings sollte man sich zuvor immer nach Strömungen erkundigen und den Wellengang im Blick haben.

Verkehrsmittel

Busse fahren sehr günstig und praktisch in jedes Dorf, nur ist es ohne Spanisch-Kenntnisse sehr mühsam herauszufinden, wann und wo es wohin abgeht. Fahrpläne haben zudem häufig eher dekorativen Charakter, und auch die Busse sehen manchmal nicht unbedingt vertrauenswürdig aus ...

Für das **Taxi** gilt in der Stadt wie auf dem Land: Taxameter einschalten lassen oder den Fahrpreis im voraus aushandeln. Die Fahrt vom Flughafen San José ins Zentrum kostet um 25, Stadtfahrten meist unter 5 US-Dollar. Die Regierung gibt die Preise verbindlich vor, jeder Taxifahrer muss bei einer Strecke unter 12 km sein Taxameter, genannt „Maria", einschalten.
Mietwagen sind durchaus ein empfehlenswertes Fortbewegungsmittel, wenn man individuell unterwegs ist. Wegen der eher schlechten Straßenverhältnisse und vielen Pisten im Land ist ein Auto mit Allradantrieb zu bevorzugen, besonders in der Regenzeit. Costa Rica hat mehr Schlaglöcher als Einwohner. Deshalb gilt die Faustregel: Auf Nebenstrecken, mitunter sogar als Piste, sind rund 30 und selbst auf der Panamericana sicher nicht mehr als 60 km/h zu schaffen. Am besten auch ein GPS dazubuchen. Mit international agierenden Anbietern, die nach internationalen Standards vermieten, fährt man meistens besser. Mit lokalen

Info

Geschichte

8000 v. Chr.: Erste Besiedlung Costa Ricas durch Jäger und Sammler aus Amerika und vermutlich auch aus Asien.
1502: Kolumbus entdeckt das Land aus europäischer Sicht und vergibt den Namen Costa Rica, reiche Küste, weil er Goldvorkommen vermutet.
1510: Beginn der Unterwerfung der indigenen Bevölkerung.
1560: Costa Rica wird spanische Kolonie.
1564: Die erste Hauptstadt heißt Cartago.
1821: Costa Rica ist nun selbstständig.
1823: Neue Hauptstadt wird San José.
1824: Abschaffung der Sklaverei.
1838: Beginn des Kaffeebooms.
1856: Juan Santamaría besiegt William Walker und wird zum Nationalhelden. Der Söldner Walker wollte Costa Rica erobern.
1877: Abschaffung der Todesstrafe.
1878: Anbau der ersten Bananen im Land.
1889: Costa Rica wird zu einem demokratischen Land mit ersten freien Wahlen, wenngleich Schwarze und Frauen noch nicht wahlberechtigt sind. José Joaquín Rodríguez Zeledón gewinnt die Wahl.
1948: Bürgerkrieg und Sieg der Nationalen Befreiungsarmee unter José Figueres Ferrer.
1949: Ausrufung der Zweiten Republik mit neuer Verfassung, Abschaffung der Armee und Einführung des Wahlrechts für Schwarze und Frauen.
1983: Costa Rica erklärt seine immerwährende unbewaffnete Neutralität.
1987: Staatspräsident Arias Sánchez erhält den Friedensnobelpreis für die erfolgreiche Vermittlung zwischen den zerstrittenen Staaten Mittelamerikas.
1992: Costa Ricas indigene Völker erhalten die volle Staatsbürgerschaft, inkl. Wahlrecht.
2010: Mit Laura Chinchilla wird erstmals eine Frau costa-ricanische Staatspräsidentin.
2014: Luis Guillermo Solís wird Präsident.
2017: Reiseeinschränkungen nach Eruptionen der Vulkane Poás und Turrialba. Schwere Verwüstungen durch den Tropensturm „Nate".
2018: Neuwahl des Parlaments.

Salon Diplimático im Museo de Arte Costarricense in Costa Ricas Hauptstadt San José.

Info

Wetterdaten

Puntarenas (Pazifikküste)

	TAGES-TEMP. MAX.	TAGES-TEMP. MIN.	WASSER-TEMP.	TAGE MIT NIEDER-SCHLAG	SONNEN-STUNDEN PRO TAG
Januar	34°	22°	28°	1	9
Februar	35°	23°	29°	1	9
März	35°	23°	29°	1	9
April	35°	24°	29°	2	8
Mai	33°	23°	29°	11	7
Juni	32°	22°	29°	15	5
Juli	32°	22°	29°	15	5
August	32°	23°	29°	16	5
September	32°	23°	29°	17	5
Oktober	32°	23°	26°	18	5
November	32°	23°	28°	7	6
Dezember	33°	23°	28°	4	8

Anbietern kann es bei der Rückgabe zu Diskussionen über die eine oder andere Delle kommen … Als zuverlässig erwiesen haben sich Adobe Rent a Car und Auto Europe. Preisbeispiele für einen Kleinwagen pro Woche ab/bis San Jose: ab 86 € (Adobe) bzw. 96 € (Auto Europe), als 4WD ab 127 € bei Auto Europe und als SUV ab 174 € bei Adobe (www.adobecar.com, www.autoeurope.de).
Mit dem Flugzeug kommt man ab San José zu allen wichtigen touristischen Zielen im Land. Die Preise liegen zwischen 55 und 90 € pro Strecke (www.flysansa.com, www.natureair.com).

Zollbestimmungen

Bei der Einreise sind Gegenstände, die für den individuellen Bedarf des Reisenden (Laptop, Foto- und Filmkamera, Radio, Medikamente) bestimmt sind, zollfrei. Auch 500 g Tabak, 5 l Wein und 2 kg Süßigkeiten dürfen – etwa als Geschenke – mitgebracht werden. Die Einfuhr von frischen Fleisch- und Wurstwaren, Milchprodukten, Obst und Gemüse ist strikt verboten. Bei der Ausfuhr auf keinen Fall Pflanzen oder Tiere mit nach Hause nehmen! Bei der Rückkehr aus nicht zur EU gehörenden Ländern dürfen Erwachsene zollfreie Waren im Wert von max. 430 € nach Deutschland und Österreich (300 Franken in die Schweiz) einführen.

Info

Wetterdaten

Puerto Limón (Karibikküste)

	TAGES-TEMP. MAX.	TAGES-TEMP. MIN.	WASSER-TEMP.	TAGE MIT NIEDER-SCHLAG	SONNEN-STUNDEN PRO TAG
Januar	30°	20°	26°	16	5
Februar	30°	20°	26°	14	6
März	30°	21°	27°	13	6
April	31°	22°	28°	13	6
Mai	31°	22°	28°	15	5
Juni	30°	22°	28°	16	4
Juli	30°	22°	28°	21	4
August	30°	22°	28°	18	5
September	30°	22°	29°	13	5
Oktober	31°	22°	28°	15	5
November	30°	22°	27°	17	5
Dezember	30°	21°	27°	18	5

Ehe der Río Sierpe im Süden von Costa Rica ins Meer mündet, bildet er gemeinsam mit dem Río Térraba die Térraba Sierpe National Wetlands.

Register

Fette Ziffern verweisen auf Abbildungen

Impressum

1. Auflage 2018
© DuMont Reiseverlag, Ostfildern

Verlag: DuMont Reiseverlag, Postfach 3151, 73751 Ostfildern, Tel. 0711/4502-0, Fax 0711/4502-135, www.dumontreise.de
Geschäftsführer: Dr. Thomas Brinkmann, Dr. Stephanie Mair-Huydts
Programmleitung: Birgit Borowski
Redaktion: Robert Fischer (www.vrb-muenchen.de)
Text: Jochen Müssig, München
Exklusiv-Fotografie: Martin Sasse
Zusätzliches Bildmaterial: S. 4 u. 77 fotolia, 54 Mauritius Images, 57 age fotostock/Lookphotos, 97 age fotostock/Lookphotos, 108 Jose Angel Murillo/Polaris/Laif, 109 (3) Jochen Müssig, 112 u Jochen Müssig, 113 o fotolalia, 114 l Jochen Müssig, 115 lo Jochen Müssig
Grafische Konzeption, Art Direktion: fpm factor product münchen
Layout: CYCLUS · Visuelle Kommunikation, Stuttgart
Cover Gestaltung: Neue Gestaltung, Berlin
Kartografie: © MAIRDUMONT GmbH & Co. KG, Ostfildern
DuMont Bildarchiv: Marco-Polo-Straße 1, 73760 Ostfildern, Tel. 0711/4502-266, Fax 0711/4502-1006, bildarchiv@mairdumont.com

Für die Richtigkeit der in diesem DuMont Bildatlas angegebenen Daten – Adressen, Öffnungszeiten, Telefonnummern usw. – kann der Verlag keine Garantie übernehmen. Nachdruck, auch auszugsweise, nur mit vorheriger Genehmigung des Verlages. Erscheinungsweise: monatlich.

Anzeigenvermarktung: MAIRDUMONT MEDIA, Tel. 0711/4502-0, Fax 0711/4502-1012, media@mairdumont.com, http://media.mairdumont.com
Vertrieb Zeitschriftenhandel: PARTNER Medienservices GmbH, Postfach 810420, 70521 Stuttgart, Tel. 0711/7252-212, Fax 0711/7252-320
Vertrieb Abonnement: Leserservice DuMont Bildatlas, Zenit Pressevertrieb GmbH, Postfach 810640, 70523 Stuttgart, Tel. 0711/7252-265, Fax 0711/7252-333, dumontreise@zenit-presse.de
Vertrieb Buchhandel und Einzelhefte: MAIRDUMONT GmbH & Co KG, Marco-Polo-Straße 1, 73760 Ostfildern, Tel. 0711/4502-0, Fax 0711/4502-340
Reproduktionen: PPP Pre Print Partner GmbH & Co. KG, Köln
Druck und buchbinderische Verarbeitung: NEEF + STUMME premium printing GmbH & Co. KG, Wittingen, Printed in Germany

FSC
www.fsc.org
MIX
Papier aus verantwortungsvollen Quellen
FSC® C001857

Vorschau

Schweiz

Im Reich der Berge
Die schönsten Ziele der Schweiz – ausführlich in Wort und Bild.

Weitere Nationalparks?
Darüber wird in der Schweiz heftig gestritten, wir liefern die Hintergründe.

Wellness mit Alpenblick
Nach einer Wanderung in die Therme? Die Auswahl ist groß.

Wien

Sightseeing anders
Außergewöhnliche Touren durch die österreichische Hauptstadt.

Wo speist der Wiener?
Die besten Beisln mit klassischer oder moderner Küche.

Raus aus der Stadt
Reizvolle Ziele im Umland: Baden, Gumpoldskirchen, Klosterneuburg, Orth a.d.D.

www.dumontreise.de

Lieferbare Ausgaben

DEUTSCHLAND
119 Allgäu
092 Altmühltal
105 Bayerischer Wald
180 Berlin
162 Bodensee
175 Chiemgau, Berchtesgadener Land
013 Dresden, Sächsische Schweiz
152 Eifel, Aachen
157 Elbe und Weser, Bremen
168 Franken
020 Frankfurt, Rhein-Main
112 Freiburg, Basel, Colmar
028 Hamburg
026 Hannover zwischen Harz und Heide
042 Harz
023 Leipzig, Halle, Magdeburg
131 Lüneburger Heide, Wendland
188 Mecklenburgische Seen
038 Mecklenburg-Vorpommern
033 Mosel
190 München
047 Münsterland
015 Nordseeküste Schleswig-Holstein
006 Oberbayern
161 Odenwald, Heidelberg
035 Osnabrücker Land, Emsland
002 Ostfriesland, Oldenburger Land
164 Ostseeküste Mecklenburg-Vorpommern
154 Ostseeküste Schleswig-Holstein
136 Pfalz
040 Rhein zw. Köln und Mainz
185 Rhön
186 Rügen, Usedom, Hiddensee
137 Ruhrgebiet
149 Saarland
182 Sachsen
081 Sachsen-Anhalt
117 Sauerland, Siegerland
159 Schwarzwald Norden
045 Schwarzwald Süden
018 Spreewald, Lausitz
008 Stuttgart, Schwäbische Alb
141 Sylt, Amrum, Föhr
142 Teutoburger Wald
170 Thüringen
037 Weserbergland
173 Wiesbaden, Rheingau

BENELUX
156 Amsterdam
011 Flandern, Brüssel
179 Niederlande

FRANKREICH
177 Bretagne
021 Côte d'Azur
032 Elsass
009 Frankreich Süden Languedoc-Roussillon
019 Korsika
071 Normandie
001 Paris
115 Provence

GROSSBRITANNIEN/IRLAND
187 Irland
130 London
189 Schottland
030 Südengland

ITALIEN/MALTA/KROATIEN
181 Apulien, Kalabrien
017 Gardasee, Trentino
110 Golf von Neapel, Kampanien
163 Istrien, Kvarner Bucht
128 Italien, Norden
005 Kroatische Adriaküste
167 Malta
155 Oberitalienische Seen
158 Piemont, Turin
014 Rom
165 Sardinien
003 Sizilien
140 Südtirol
039 Toskana
091 Venedig, Venetien

GRIECHENLAND/ZYPERN/TÜRKEI
034 Istanbul
016 Kreta
176 Türkische Südküste, Antalya
148 Zypern

MITTEL- UND OSTEUROPA
104 Baltikum
094 Danzig, Ostsee, Masuren
169 Krakau, Breslau, Polen Süden
044 Prag
193 St. Petersburg

ÖSTERREICH/SCHWEIZ
192 Kärnten
004 Salzburger Land
196 Schweiz
144 Tirol
197 Wien

SPANIEN/PORTUGAL
043 Algarve
093 Andalusien
150 Barcelona
025 Gran Canaria, Fuerteventura, Lanzarote
172 Kanarische Inseln
124 Madeira
174 Mallorca
007 Spanien Norden, Jakobsweg
118 Teneriffa, La Palma, La Gomera , El Hierro

SKANDINAVIEN/NORDEUROPA
166 Dänemark
153 Hurtigruten
029 Island
099 Norwegen Norden
178 Norwegen Süden
151 Schweden Süden, Stockholm

LÄNDERÜBERGREIFENDE BÄNDE
123 Donau – Von der Quelle bis zur Mündung
112 Freiburg, Basel, Colmar

AUSSEREUROPÄISCHE ZIELE
183 Australien Osten, Sydney
109 Australien Süden, Westen
195 Costa Rica
024 Dubai, Abu Dhabi, VAE
160 Florida
036 Indien
027 Israel, Palästina
111 Kalifornien
031 Kanada Osten
191 Kanada Westen
171 Kuba
022 Namibia
194 Neuseeland
041 New York
184 Sri Lanka
048 Südafrika
012 Thailand
046 Vietnam